改訂新版

問 題 を 解 決 す る

法 学 務 校

Ⓠ & Ⓐ

名川・岡村法律事務所 編著

時事通信社

はじめに

　名川・岡村法律事務所は、1917年の設立以来100年以上の永きにわたり、多くの大学・高等学校・中学校・小学校・専門学校の法律顧問を務め、また自ら理事者を輩出して学校経営に直接関わり、学校に生じる複雑かつ多様な問題を数多く解決してきた学校法務のエキスパートです。本書は、当事務所100余年の中で実際に取り扱った案件から相談が多かった事例を抽出し、最新の法令と法解釈に基づいて、分かりやすく、学校問題の解決の指針を示しています。本書の初版は、2018年8月に刊行され、多くの学校関係者から好評を博し、増刷されるに至りました。しかし、初版発行から5年以上が経過し、その間に民法改正、個人情報保護法改正、ハラスメント防止法の成立、令和元年・令和5年私立学校法改正など学校の実務に多大な影響を与える法改正がなされ、また、コロナ禍におけるオンライン授業や在宅勤務の普及など新たな法律問題も生じました。そこで、当事務所は、学校経営者及び教職員の皆様にこれらの法改正や学校を巡る環境の変化に対応した書籍をお届けするため、本書初版に大幅な加筆・修正を行い、多数の新規案件を追加し、『改訂新版　問題を解決する学校法務』としてリニューアルいたしました。構成については、第1章を「学生・生徒・保護者の問題を解決する」、第2章を「教職員の問題を解決する」、第3章を「学校の経営問題を解決する」として、よりシンプルで読みやすい形式に変更いたしました。また、本書はＱ＆Ａ形式となっており、気になる問題について、目次からＱ（質問）を探していただき、該当ページでは、まずＡ（答え）、それからコンパクトな解説という構成になっており、分かりやすさを心掛けました。解説も専門的な法律用語はできるだけ避け、皆様に十分にご理解いただける内容となっています。

　学校は、わが国のみならず国際社会の平和と発展を担う人材を育成する組織であり、常に、未来を見据えた教育展開が必要となります。そして、学校が未来に進むために、今、解決しなければならない問題は山積しています。

　本書を皆様の学校における教育の発展と向上に役立てていただけますと幸いです。

2024年1月吉日

名川・岡村法律事務所

目次

Contents

第2章　教職員の問題を解決する

ハラスメント問題に関する Q&A

目次

教員の問題行動に関するQ&A

組合活動に関するQ&A

労務管理に関するQ&A

第3章 学校の経営問題を解決する

学校の組織に関する Q&A

私学法改正に関する Q&A

第 1 章

学生・生徒・保護者の問題を解決する

いじめ防止法の概要

いじめ防止法の概要について教えてください。

A 001　いじめ防止法は、学校等に対し、いじめ防止の基本的施策を示すとともに、いじめが発覚した際の対応を定めています。「いじめの防止等のための基本的な方針」も確認する必要があります。

解説

1　いじめの定義

　いじめは「児童等に対して、当該児童等が在籍する学校に在籍している等当該児童等と一定の人的関係にある他の児童等が行う心理的又は物理的な影響を与える行為（インターネットを通じて行われるものを含む。）であって、当該行為の対象となった児童等が心身の苦痛を感じているもの」と定義されています（いじめ防止対策推進法〈いじめ防止法〉2条1項）。

　この定義によると、例えば、好意からあだ名で呼んだだけでも、相手に心身の苦痛を感じさせた場合にはいじめに該当します。

　このように、同法上のいじめの範囲は、社会通念上のいじめよりも広いことに注意が必要です。

2　いじめ防止のための対策

　同法は、学校の設置者及び学校が講ずべき基本的施策として①道徳教育等の充実（同法15条）、②早期発見のための措置（同法16条1項）、③相談体制の整備（同法同条2〜4項）、④インターネットを通じて行われるいじめに対する対策の推進（同法19条）――を定めています。

　特に、インターネット上のいじめは、匿名性が高いため児童生徒が行動に移しやすい一方で、一度拡散したいじめに係る画像、動画等をすべて消去することは困難で、被害の拡大が予想されます。

　そのため、学校等は、インターネット上のいじめの重大性を児童生徒に理解させる取り組みを行い、併せて、ネットパトロールなどの体制を整備することが求められます。

　また、学校は、複数の教職員、心理、福祉等の専門家などにより構成される組織を置くことが求められており（同法22条）、いじめ発生時に、特定の教職員で問題を抱え込むことを防ぐとともに、必要に応じて専門家の助力を受けることとしています。

　他にも、学校は、国又は地方公共団体の定めるいじめ防止基本方針を参酌し、その学校の実情に応じ、「学校いじめ防止基本方針」を定める必要があります（同法13条）。具体的には、いじめが起きにくい環境づくりのための取り組みの年間計画や、早期発見、いじめ事案への対処、教育相談体制、生徒指導体制、校内研修、アンケート、いじめの通報、情報共有及び適切な対処等を定めます。

3　いじめが起きた際の対応

　いじめ事案が発生した際に、学校は①速やかにいじめの事実確認の措置を講じて、その結果を設置者に報告し（同法23条2項）、②いじめを受けた児童生徒、又はその保護者に対する支援（指導主事等の職員、スクールカウンセラー、弁護士等の専門家の派遣等）を行うとともに、③いじめを行った児童生徒に対する指導や保護者への助言（同法同条3項）を行うこととされています。

　また、いじめが犯罪行為と取り扱われるべきと認めるときは、所轄警察署と連携して対処する必要があります（同法同条6項）。

　なお、いじめが、重大事態（同法28条）に該当するときには、別途の規定（同法第5章）が設けられています（詳細はQ004参照）。

11

Q
....
002

いじめ事案の調査

学校内で、日常的に暴行を加えるなどのいじめが発生していたとの話が報告されました。事実関係の確認方法として、どのような点に気を付ければよいでしょうか。

A
....
002

聴き取り調査と物的証拠の収集とをバランスよく行い、客観的事実を積み上げる形で事実関係の確認を行うようにしてください。具体的には、①被害児童生徒からの聴き取り調査を行い、②関係者や加害児童生徒からの聴き取り調査を行い、③SNSでのやりとり等の物的証拠がないかの確認作業を行ってください。

解説

1 証拠による事実認定

　いじめとは、いじめ防止対策推進法 (いじめ防止法) 2条において、「児童等に対して、当該児童等が在籍する学校に在籍している等当該児童等と一定の人的関係にある他の児童等が行う心理的又は物理的な影響を与える行為 (インターネットを通じて行われるものを含む。) であって、当該行為の対象となった児童等が心身の苦痛を感じているもの」と定義されています。 いじめの事案が報告された場合、学校は速やかに事実確認をする義務を負います (同法23条2項)。学校が認定した事実は、加害児童生徒に対する懲戒処分(同法25条)や被害児童生徒への措置 (同法23条3項) などを決定する上での基礎となるものですから、その事実認定は証拠に基づいた適切なものでなければなりません。特に、懲戒処分については、その事実が証拠によって証明できないと、後々、法的紛争となった場合に懲戒処分の効力が否定されてしまうこととな

ります。そのため、迅速かつ公平適切な事実関係の確認が必要となります。

2　具体的な調査方法

　調査方法としては、①被害児童生徒からの聴き取り調査、②加害児童生徒等関係者からの聴き取り調査、が中心となります。ただ、これら関係者からの「証言」は、記憶の減退、知覚と伝聞の混同、利害関係や私情の混同などが生じ、時として客観性に欠ける場合があります。そこで、③得られた証言を裏付ける物的証拠（SNS等の履歴、メール本文、写真、動画、音声データ、診断書、診療記録、凶器、被害品等）をできる限り収集し、客観的事実を一つひとつ確認することが重要です。最近では、特にSNSを使ったいじめが増えていますので、証拠が残りやすい傾向にあると言えます。聴き取り調査の段階でスマートフォン内に残された写真やLINEの履歴等を提示・提出してもらうことにより、早期に証拠収集することが極めて重要です（証拠隠滅防止にも役立ちます）。

　なお、当事者の言い分に争いがあり、法的紛争へ発展する可能性がある場合には、弁護士等の専門家に調査を依頼することも検討が必要です。

3　聴き取り調査の際の注意点

　聴き取り調査を行う際には、必ず複数人で行ってください。また、聴き取りを行う人は、加害児童生徒や被害児童生徒と利害関係のない人にして、公平な調査を担保するようにしてください。

　そして、被害児童生徒へのプライバシーには最大限配慮を行ってください。また、聴き取りは必ず記録する必要があります。

　最後に、調査の結果を踏まえて経験則に従って事実を認定していくことになりますが、その際には調査をした人の「評価」を加えることなく、客観的な「事実」を認定することが重要です。

4　保護者や弁護士の同席

　調査は事実関係の確認のために行うもので、また、学校内の手続ですので、保護者や弁護士の同席は不要ですが、学校の裁量で同席を認めることも可能です。

Q
003

いじめ防止と学校が取るべき措置

生徒が同じクラスの生徒に対して、「気持ちが悪い」と
いった悪口を継続的に言うなどのいじめが発生していることが
調査で判明しました。いじめを防止するために学校としてどの
ような措置を取るべきでしょうか。

A
003

学校は、いじめを行っている加害生徒に対する指導（場
合によっては懲戒処分）を行う一方、いじめを受けた被
害生徒に対しては従前の教育環境が戻るよう精神面や学習面で
のフォローを実施する必要があります。また、生徒や教職員に
対する啓発を行ったり、普段の教育において学校としていじめ
には断固たる措置を取るという姿勢を示すことも重要です。

解説

1 いじめ防止対策推進法について

いじめ防止対策推進法（いじめ防止法）は、いじめを「児童等に対して、当
該児童等が在籍する学校に在籍している等当該児童等と一定の人的関係にあ
る他の児童等が行う心理的又は物理的な影響を与える行為（インターネット
を通じて行われるものを含む。）であって、当該行為の対象となった児童等が
心身の苦痛を感じているもの」と定義し、学校がいじめ防止対策のために講
ずべき事項を定めています（詳細はQ001参照）。

そして、教職員は、いじめの事実があると疑われるときは、学校へ通報す
る等の適切な措置を取るものとされ（同法23条1項）、学校は、児童生徒がい
じめを受けていると思われるときは、速やかにいじめの事実の有無を確認し、
その結果を当該学校の設置者に報告することとされています（同法同条2項）。

いじめの事実が確認された場合には、学校は、いじめをやめさせ、及びその再発を防止するため、心理、福祉等に関する専門的な知識を有する者の協力を得つつ、いじめを受けた児童生徒又はその保護者に対する支援及びいじめを行った児童生徒に対する指導又はその保護者に対する助言を継続的に行うものとされています（同法同条3項）。また、必要のある場合には、いじめを受けた児童生徒その他の児童生徒が安心して教育を受けられるようにするために必要な措置を講ずるものとしています（同法同条4項）。

なお、現行法におけるいじめの定義は、被害者の立場を重視したものであり、その範囲は極めて広範です。これは、いじめを早期の段階で発見して学校側に対策を促す趣旨ですから、単に「お互いさまだから」などという理由だけで安易に「いじめではない」と判断することは避けなければなりません。また、いじめに該当する行為がすべて違法の評価を受けるわけではありませんので、違法の評価が下されることを恐れていじめ認定を萎縮することがないよう注意してください。

2　学校が取るべき具体的措置

では、本事案では具体的に、どのような措置を取るべきでしょうか。まず、学校は、いじめを行っている加害生徒に対していじめをやめるよう指導する必要があり、場合によっては当該加害生徒に対する懲戒処分を検討する必要があります。また、当該加害生徒の保護者に連絡し、学校と情報を共有し、保護者の協力を得ながら対応することも検討してください。

他方、いじめを受けた被害生徒に対しては、欠席した授業のフォローや加害生徒との接触回避のための施策などを実施し、精神面や学習面において、できるだけ従前の教育環境に戻せるよう努める必要があります。

その他、再発防止策としては、いじめ撲滅の観点から、児童生徒や教職員に対し、いじめの定義や具体例などを周知して理解を深めさせるとともに、学校としていじめには断固たる措置を取るという姿勢を示すことも重要です。

その他にも、定期的なアンケート調査や教育相談会を行ったり、学校ネットパトロールを行うなどし、いじめの早期発見に努める必要があります。

Q
004

いじめの重大事態への対応方法

いじめ防止法における重大事態とはどのようなもので
しょうか。また、現に発生した場合の対処法を教えてください。

A
004

いじめ防止法の重大事態とは「いじめにより当該学校
に在籍する児童等の生命、心身又は財産に重大な被害
が生じた疑いがあると認めるとき」「いじめにより当該学校に在
籍する児童等が相当の期間学校を欠席することを余儀なくされ
ている疑いがあると認めるとき」（同法28条1項1号、2号）
のことを言います。重大事態が発生した場合には、学校は、所
轄庁に報告の上、調査組織を設置して、事実関係を調査する必
要があります。

解説

1　重大事態とは

いじめ防止対策推進法（いじめ防止法）28条1項は、次の場合を「重大事態」
と定めています[注1]。

　一　いじめにより当該学校に在籍する児童生徒等の生命、心身又は財産に
　　　重大な被害が生じた疑いがあると認めるとき
　　　（児童生徒が自殺を企図した場合、リストカットなどの自傷行為を行った
　　　場合、心的外傷後ストレス障害〈PTSD〉と診断された場合、スマート
　　　フォンを水に漬けられ壊された場合など）
　二　いじめにより当該学校に在籍する児童生徒等が相当の期間学校を欠席
　　　することを余儀なくされている疑いがあると認めるとき

注1　括弧内の例は、文部科学省が重大事態の例として挙げているもの。

（年間で30日欠席した場合、欠席が続き当該学校へは復帰ができないと判断し転学した場合など）

2　学校の対処法

(1)　いじめの重大事態への対応

　　学校は、重大事態が発生した場合、同法第5章の規定及び文部科学省の「いじめの重大事態の調査に関するガイドライン」（平成29年3月）に沿って、対応することになります。

(2)　重大事態対応における留意点

　　学校は、重大事態の「疑い」が生じた段階で、所轄庁（私立学校の場合は、都道府県知事）に報告するとともに（同法31条1項）、調査組織を設けて調査を開始します（同法28条1項）。

　　第三者調査組織の構成は、公平性、中立性の観点から、弁護士、学識経験者、心理、福祉の専門家等の専門的知識及び経験を有し、当該いじめ事案の関係者と直接の人間関係又は特別の利害関係のない者について、職能団体や大学等からの推薦により参加を図るよう努めることとされています。

　　また、被害児童生徒・保護者に寄り添い、丁寧に信頼関係を構築していかなければなりません。調査実施前には、被害児童生徒・保護者に対して、調査の目的、調査組織の構成、調査期間、調査方法、調査事項、調査結果の提供方法について、個人情報保護の観点も踏まえつつ、適切に説明を行う必要があります。調査組織は、児童生徒へのアンケートや関係者に対する聴き取り調査等を実施していじめの事実関係の全体像を把握し、調査報告書を作成して学校に提出します。

　　学校は、調査結果を踏まえ、被害児童生徒に対して、当該児童生徒の状況に応じた継続的なケアを行い、必要に応じてスクールカウンセラー等の専門家も活用することを検討します。他方で、いじめが認定された場合は、加害児童生徒に対し、保護者に協力を依頼しながら個別に指導を行います。

　　また、調査結果を踏まえ、いじめの未然防止、早期発見、対処、情報共有等の学校の対応について検証し、再発防止策を検討することも重要です。

いじめ加害者と学校の責任割合

生徒が行った悪質ないじめについて、学校が責任を負う場合、いじめを行った加害生徒との責任の割合はどのようなものとなるか教えてください。

いじめの中身や学校がどのような対応を取っていたのか、またどのような経緯で事実が判明したのかなどの事情によりますが、加害行為の態様・加害行為に対する予見可能性・加害行為の予防可能性等の事情を総合考慮して判断されます。

解説

1　いじめ加害児童生徒が負うべき法的責任

　いじめ加害児童生徒は、被害児童生徒に対し、不法行為責任（民法709条）として損害賠償責任を負う場合があります。ただ、いじめ防止対策推進法（いじめ防止法）上の「いじめ」に該当する行為が、直ちに不法行為となるわけではない点は注意が必要です。不法行為責任が成立するには、「故意・過失」「因果関係」「権利侵害」といった要件を充足する必要があるからです。

2　学校の法的責任

　私立学校の場合、教職員は、児童生徒によるいじめその他の加害行為から児童生徒を保護すべき義務があると解されているため（詳細はQ001〜004参照）、これを怠った場合には、被害者に対し不法行為責任（民法709条）を負い、教職員を雇用している学校は、雇用主として教職員の不法行為について責任を負うことがあります（同法715条／使用者責任）。
　また、学校は、在学契約に基づく付随的義務として、児童生徒の生命、身体、

健康に対する安全について配慮する義務（安全配慮義務）を負っているため、いじめ発生について学校側に落ち度があれば、被害児童生徒に対して責任を負わなければなりません（同法415条／債務不履行責任）。

なお、公立学校の教職員に責任が認められる場合には、学校設置者である教育委員会が属する地方自治体が法的責任を負うことになります（国家賠償法1条1項）。教職員は、いじめ被害者に対して、直接損害賠償責任を負うことはありませんが、故意又は重大な過失があった時には地方自治体から求償される可能性があります（同法1条2項）。

3　責任割合

いじめ事案において、学校側にも責任が認められる場合、加害児童生徒と学校とは共同不法行為責任を負うことになりますが、その場合、被害児童生徒に対していずれか一方が全額を賠償すると、他の一方に対して責任割合に応じて一部の賠償を求める（求償する）ことができます。

この時の責任割合ですが、必ずしも一義的に定まるわけではなく、加害行為の態様・加害行為に対する予見可能性・加害行為の予防可能性等の事情を総合考慮してそれぞれの落ち度を判断することとなります。

ある判例[注1]では、ある学校の空手部に所属する被害生徒が、同じ空手部に所属していた複数の生徒から日常的に殴る蹴るの暴行を長期間受け続けていたところ、その事実を認識した空手部の顧問が加害生徒を呼び出し、これ以上被害生徒に対する暴行をやめるよう指導したのみで、それ以上の対応を何ら行わなかったという事案で、加害生徒側の責任割合が85%、学校側の責任割合が15%と認定されています（ただし、被害生徒との関係では、100%の責任を負います）。

この事案では、加害生徒の行為の悪質性から、加害生徒の責任にウェイトを置きつつ、いじめというものが往々にして集団心理によりエスカレートしがちであることから、顧問はいじめを防止するための監視・指導をする義務の履行が強く求められるとして学校側の責任も決して小さくないと判断しています。

【参考判例】注1　大津地判平成21年4月14日

Q 006　大学部活動の行事で生じた事故と学校の責任

大学部活動の飲み会で、上級生が下級生にビンタをしていく「恒例行事」が行われ、下級生の鼓膜が破れる事故が発生しました。学校が賠償責任を負うことはあるでしょうか。

A 006

学校が、学生の生命、身体に危険が生じる事故の発生が客観的に予測されるようなときには、こうした「恒例行事」をやめるよう強く指導したり、上級生に懲戒処分を行うなどの具体的措置を講じることなく今回の事故が発生した場合、学校が賠償責任を負う可能性は高いでしょう。

解説

1　大学が負うべき安全配慮義務

　大学と学生との間には、通常、大学が学生に対し、その施設を提供し、大学の目的にかなった教育役務を提供する義務を負い、学生は大学の指導に服して教育を受け、授業料を納付する義務を負うことを内容とする在学契約関係が存在します。

　そして、この在学契約に内在する義務あるいは付随的義務として、大学は学生の生命、身体、健康に対する安全について配慮する義務を負います。この義務は安全配慮義務と呼ばれます。この安全配慮義務に故意又は過失によって違反した場合、大学は学生が被った損害を賠償する義務を負います。

　しかし、大学生は小学生や中学生・高校生と比べ、相当の判断能力を有し、注意力、自主的活動能力を有すると考えられています。また、大学の課外活動等は、そのような大学生自らの責任において運営されるべきものです。

　よって、大学の安全配慮義務の程度は、学生の生命、身体に危険が生じる

ような事故の発生が客観的に予測されるような特別な場合でない限り、一般的な注意を与える程度の安全配慮義務を負っているにすぎません。

　宮崎地裁昭和60年10月30日判決では、寮内で行われた飲酒行為が原因で急性アルコール中毒により学生が死亡した事案において、裁判所が、「本件学校に在学する学生の年齢、学識等から考えて、学生には、物事の是非を判断し、共同生活上必要な節度を保持することについて、十分、自制のうえ行動することが期待できるものであり、飲酒自体も強制的に禁止するよりは、学生の自制に委せ、自らの判断と責任によつて対処すべき事柄というべきである」などと判断し、安全配慮義務を限定的に捉えて大学の安全配慮義務違反を否定したことが参考になります。

2　本事案の具体的検討

　大学での課外活動等は大学生自らの責任において運営されるべきものであることに鑑みれば、本来は学生自らの自制に委ねられるべきものと考えられます。よって、原則としては、部活動の指導教員が、飲みすぎて、他人に迷惑をかけないようにするなどの一般的な注意を与えていれば、本事案事故の責任を追及される可能性は低いでしょう。

　しかし、問題は上級生が下級生にビンタをするという行為が「恒例行事」となっていたという点です。

　この点について、例えば過去に同種の事故が発生していたり、下級生や一般の方からの通報があり、大学としてこうした行事の存在を認識していた場合は、学生の生命、身体に危険が生じるような事故の発生が客観的に予測されると考えられます。このような場合、大学は、学生に対して当該行事をやめるよう強く指導したり、上級生に対して懲戒処分を行ったり、部の活動を停止させるなどの具体的措置を講じることによって、事故の発生を未然に回避する義務を負います。したがって、これらの措置を講じることなく、今回の事故が発生した場合には、学校が賠償責任を負う可能性は高いと言えるでしょう。

Q
007
学校の施設で起きた負傷事故と学校の責任

近所の子供が、中学校のグラウンドにある鉄棒で前回りをした際、両端がさびていた鉄棒が支柱から外れて落下してしまい、けがをしてしまいました。学校は損害賠償責任を負うのでしょうか。

A
007
学校施設の設置又は保存の瑕疵によって損害が生じた場合には、当該施設の占有者又は所有者が工作物責任に基づき、損害賠償責任を負います。

1 工作物責任とは

土地の工作物の設置又は保存に瑕疵があることによって他人に損害を生じさせたときは、第一次的には、工作物の占有者が損害賠償の責任を負い、占有者が損害の発生を防止するのに必要な注意をしたときは、所有者がその損害賠償の責任を負うことになります（民法717条／工作物責任）。工作物責任の特徴は、占有者が損害の発生を防止するのに必要な注意をしたときは、所有者が無過失責任を負う点にあります。

同法同条の「工作物」とは、「土地ニ接着シテ人工的作業ヲ為シタル（物）」（大審院昭和3年6月7日判決）と定義されています。学校について見ると、校舎、柵塀、国旗掲揚ポール、銅像、鉄棒、プールなどがこれに当たります。また、「瑕疵」とは、その物が通常備えているべき性質・性能を欠いていることをいい、当初より瑕疵が存する場合が「設置」の瑕疵で、事後的に瑕疵が生じた場合を「保存」の瑕疵として区別されます。

なお、私立学校の施設の設置又は保存の瑕疵による責任は工作物責任が適

用されますが、公立学校の施設の場合は、営造物管理責任(国家賠償法2条1項)が適用されます。営造物管理責任の要件は「公の営造物の設置又は管理に瑕疵」があることで工作物責任とほぼ同様ですが、損害賠償責任を負うのは国又は公共団体です。

2 判例

　公立中学校の事案(札幌地裁平成23年7月27日判決)ですが、裁判所は、公立中学校のグラウンド内の鉄棒で利用者が前回りした際、同校が保守点検など安全確認をしないまま放置しており、鉄棒の両端がさびていたため、鉄棒が支柱から外れ落ちたことから、鉄棒を握ったまま落下し、頸部を受傷した事案において、営造物管理責任を認めました。

　これに対し、公立中学校の校庭内のテニス審判台に幼児が登り、その後部から座席部分の背当てを構成している左右の鉄パイプを両手で握って降りようとしたために転倒して死亡した事案(最高裁平成5年3月30日判決)において、裁判所は、本来の用法に従えば危険がないのに、被害者が取った異常な行動は通常予測できないとして、審判台の瑕疵を否定し、学校の営造物管理責任を認めませんでした。

　最高裁が前者の責任を肯定し、後者の責任を否定した理由は、前者は鉄棒自体に不具合があったのに対し、後者はテニス審判台自体に不具合はなかったことに加えて、前者は被害者が通常の用法で利用したのに対し、後者は「被害者の通常の用法に則さない利用方法」により生じた事故であり、設置管理者の通常の予測の範囲を超えているためと解されます。

3 本事案の具体的検討

　本事案でも、鉄棒で前回りをすることは通常の用法であり、鉄棒の両端がさびてもろくなっていたことは鉄棒が通常有すべき性能を欠いていたと言えるため、学校の工作物責任が肯定されることになると思われます。

　学校としては、日ごろから工作物の保守点検を定期的に行い、生徒その他の利用者に対し、安全な利用方法を注意・指導することが大切です。

Q 008 部活動中の事故と学校長個人の責任

本学（私立）の部活動に参加した生徒が、部活動中に負傷する事故が発生しました。当該事故について、学校長個人の法的責任が問われることはあるでしょうか。

A 008

学校長は、民法715条にいう代理事業監督者に該当する場合、個人的に法的責任を負う場合があります。

解説

1　問題の所在

　Q005で解説したとおり、私立学校と児童生徒・学生との間には、在学契約があり、学校は同契約に基づき、安全配慮義務を負っているため、児童生徒・学生に生じた事故について、学校に故意・過失が認められる場合、当該学校は、当該事故による損害を賠償する義務を負います。

　それでは、学校が負担する責任とは別に、当該事故が生じた授業等を担当していた教員又は学校長が法的責任を負担することはあるのでしょうか。ここでは教員個人又は学校長が在学契約の当事者ではないことから、学校そのものの法的責任とは別途の責任が発生するか否かが問題となります。

2　学校長の法的責任

(1)　民法715条2項

　民法715条2項は、使用者（学校）に代わって被用者（当該教職員）の選任もしくは監督又はその両方を行う者は、代理事業監督者として、当該被用者が行った不法行為について、使用者及び被用者同様、当該不法行為で発生した損害を賠償する義務を負うと規定しています。

　代理事業監督者は、客観的に観察して、実際上現実に使用者に代わって事業を監督する者をいうと解されています（最高裁昭和35年4月14日判決）。
　なお、代理事業監督者としての責任が生じる大前提として、当該教職員の不法行為責任が成立していることが必要です。

⑵　民法715条2項が学校事故に適用された例

　部活動の最中、生徒が負傷した事例について判例は、以下の要素を重視して、学校長が代理事業監督者に該当すると判断しました。
①学校長がその地位に基づいて包括的に教職員に対する指導、監督権を委ねられていたこと。
②学校長がクラブ活動運営で各クラブの指導担当者を選任していたこと。
③月に1度の職員会議、毎日行われる教職員の朝礼等を通じて、部活動の各指導担当者から部活動の運営状況を聞かされ、同状況について注意・助言をしていたこと。
④事故が発生した部活動を含む運動部に対しては定期的に顧問会を開催させて部活動の運営の問題点について意見交換や検討を行わせていたこと。
　以上を前提とすると、裁判所は、当該業務への学校長の実質的な関与、監督及び指導の態様・程度を検討し、代理事業監督者への該当性を判断していると言えます。ただし、部活動に関して言うならば、前記のような業務は、通常の学校長が行っているものと言えますので、学校長の法的責任が問われることは、さほど珍しくないとの見方も可能です。

⑶　代理事業監督者として負担する注意義務及び法的責任

　学校長が代理事業監督者に該当すると判断された場合、当該学校長は、当該教職員が生徒の生命・身体の安全を確保すべき職務について、相当の注意を持って指導監督する義務を負担します。
　当該学校長がこの監督義務を尽くしていないと判断された場合、同学校長は、当該教職員の不法行為について学校が負担する責任と同等の責任を負担することになります。

【参考判例】注1　山形地判昭和52年3月30日

体育活動中の事故を防ぐための対策

最近、体育の授業中に児童生徒が死亡したり重大な障害を負う事故に関する報道をよく耳にします。事故を未然に防ぐために行うべき対策を教えてください。

学習指導要領に準拠した計画・指導、各種ガイドラインに沿った対応をしているのかを十分に確認してください。

解説

1 発生した事故に対する責任

　私立学校が負う法的責任としては、教員の不法行為責任（民法709条）を前提とする使用者責任（同法715条1項）、施設の瑕疵を原因とする場合の工作物責任（同法717条）や、在学契約の内容となっている児童生徒への安全配慮義務に違反したことを理由とする債務不履行責任が挙げられます（詳細はQ005参照）。教員に不法行為責任が成立するのは、教員が負っている注意義務に違反した場合です。

　教員が児童生徒に対して負う注意義務の具体的内容は多岐にわたりますが、一般的には、①事前注意義務、②指導監督上の注意義務、③事後対応義務の3段階に分類できると考えられています。

　①②に関しては、判例上、学習指導要領や競技の連盟が作成する指導手引等に準拠してなされているかが有力な判断基準となっていますので、基本的なことではありますが、学習指導要領に準拠した計画・指導を行う必要があります。

　例えば、高等学校の武道大会における柔道の試合に参加した生徒が重大な障害を負う事故が発生した事件の判例^{注1}では、柔道指導の手引や学習指導

要領に沿った授業計画及び指導をしていたことなどを理由に、通常の授業については指導教員の注意義務違反を否定しました。ただ、クラス対抗の形式で実施される学内行事である武道大会については、通常の授業とは異なる環境（1位と2位を表彰する競技形式で試合会場の周辺が生徒ら観客で埋まるなどの盛り上がりを見せていた）にあることから、「生徒に本件大会前に練習試合を行わせたり、本件大会の開会式において、生徒に対して張り切りすぎて怪我をしないように改めて注意を行うことが望ましい」としており、これを明確に「注意義務」として認定しているものではないものの、授業の実施方法によっては何らかの注意義務が発生する可能性がある点に注意が必要です。

③は、応急処置、傷害が重篤な場合には専門医の診断を仰ぐべき義務、保護者に対し事故状況を通知すべき義務等です。仮に①②の段階で過失がないとしても、③の段階で過失があり、損害が発生（拡大）した場合はやはり責任を負うことになります。

以上の考えは、学校が児童生徒に対して負っている安全配慮義務違反の判断においても当てはまることになります。

2　体育活動中の事故防止

児童生徒が死亡又は重度の障害を負うような重大事故の多くは、体育活動中に発生しています。

このため、東京都教育委員会が平成20年6月に「部活動中の重大事故防止のためのガイドライン」を発表したり、文部科学省が平成24年7月に「学校における体育活動中の事故防止について（報告書）」を発表したりするなど、学校における体育活動中の事故を発生させないための安全対策が注目されています。また、スポーツ庁が、平成30年3月に「運動部活動の在り方に関する総合的なガイドライン」を発表しています。

これらのガイドラインは公表されているものですので、これらに沿った対応を取らなかったことを原因として事故が発生した場合には、学校の社会的責任及び法的責任を問われる可能性があります。

【参考判例】注1　福岡高判平成30年2月1日

27

Q
010

インターネット上の犯行予告への対応

インターネットの掲示板に「学校に爆弾を仕掛けた」などの犯行予告がなされているという報告を受けたのですが、学校としては、どのような対応を取るべきでしょうか。

A
010

①児童生徒・学生の安全：教職員が引率して集団下校するなど安全確保の措置を講じます。②刑事手続：威力業務妨害罪の被害届を警察に提出した上で、警備の強化などを要請します。③民事手続：発信者情報開示請求により、投稿者を特定した上で、不法行為に基づく損害賠償請求をすることができます。

解説

1 児童生徒・学生の安全について

犯行予告がなされた場合、学校としては、第一に、児童生徒・学生の安全を確保するため、教職員が安全な場所に避難させる、引率して集団下校するなど安全確保の措置を講じます。また、集団下校などが困難である場合には、休校にすることも検討する必要があります。学校としては、犯行予告などの緊急事態に備えて、あらかじめ教職員の初期対応マニュアルや保護者・関係機関との連絡網の整備に努めることが望ましいと言えます。

2 刑事手続について

また、本事案のような犯行予告により、学校は児童生徒・学生の安全を確保するため、授業カリキュラムの変更や、場合によっては休校を余儀なくされるなど学校業務が妨害されるため、威力業務妨害罪（刑法234条）が成立し

ます。学校としては、このような犯行予告を認知した場合、その危険性を過少評価することなく、速やかに警察に被害届を提出し、警備の強化を求めるなど、警察と連携して対応することが大切です。

　判例（千葉地裁平成20年6月20日判決）では、インターネット掲示板に「千葉の女子小学生を2月15日15時に殺しちゃいます」と書き込んだ者について、裁判所は威力業務妨害罪（懲役3年保護観察付執行猶予5年）の成立を認めています。

3　発信者情報開示請求の具体的方法

　児童生徒・学生の安全を確保し、また、警察との連携も取れた場合には、学校は、犯行予告をした者を特定し、不法行為（民法709条）に基づく損害賠償を請求するなど民事上の責任を追及することが考えられます。もっとも、インターネットの掲示板に投稿する者は匿名であることがほとんどなので、責任追及の前提として、投稿者を特定する必要があります。

　具体的な方法として、令和4年10月1日に施行された改正プロバイダ責任制限法[注1]に基づき、「発信者情報開示命令事件に関する裁判手続」という新たな裁判制度が利用できます。従前の手続に比べて、単一の非訟手続（通常訴訟より簡略化された手続）で開示請求をすることができ、手続の迅速性が向上しました。

　同制度では、第一段階として、当該サイト運営者（掲示板等：コンテンツプロバイダ）を相手方として、発信者情報の開示命令と他の開示関係役務提供者（通信会社等：アクセスプロバイダ）の情報提供命令の申し立てが可能です。これが認められると、第二段階として、通信会社等の情報が開示され、同一手続内で、通信会社等に対しても発信者情報開示命令と消去禁止命令を申し立てることが可能となります。通信会社等は、コンテンツプロバイダから投稿者のIPアドレスの提供を受け、同IPアドレスを使用していた発信者を特定し、発信者の情報を申立人に開示します。

注1　特定電気通信役務提供者の損害賠償責任の制限及び発信者情報の開示に関する法律

Q 011 児童虐待の疑いが生じた際の対応

学校の保健室に来た生徒の体に不自然な複数の打撲痕がありました。養護教諭が、原因を聴きましたが、家に帰りたくないと言うだけで、詳しい説明をしようとしません。学校としては、どう対処すべきでしょうか。

A 011

学校としては、児童虐待の可能性を疑い、管理職が関係教職員と組織的に情報収集を行い、速やかに児童相談所等へ相談・通告すべきでしょう。

解説

1 児童虐待防止法について

　令和4年度の児童相談所における児童虐待相談対応件数は21万件を超えて過去最多を記録していますが、そのうち1万4000件以上は学校等からの相談によるもので、虐待の発見・対応に重要な役割を果たしています。

　児童虐待は、保護者が監護する児童（18歳未満の者）について、①児童の身体に外傷が生じ、又は生じる恐れのある暴行を加えること（身体的虐待）、②児童にわいせつな行為をすること又は児童をしてわいせつな行為をさせること（性的虐待）、③児童の心身の正常な発達を妨げるような著しい減食又は長時間の放置、保護者以外の同居人による性的虐待又は心理的虐待の放置その他の保護者としての監護を著しく怠ること（ネグレクト）、④児童に対する著しい暴言又は著しく拒絶的な対応、児童が同居する家庭における配偶者に対する暴力その他の児童に著しい心理的外傷を与える言動を行うこと（心理的虐待）と定義されています（児童虐待の防止等に関する法律〈児童虐待防止法〉2条1号〜4号）。

2　学校・教職員等の役割・責務

　文部科学省作成の「学校・教育委員会等向け虐待対応の手引き（令和2年6月改訂版）」によれば、学校・教職員の主な役割は、①虐待の早期発見に努めること（同法5条1項）、②虐待を受けたと思われる子供について、市町村や児童相談所等へ通告すること（法的義務）（同法6条1項）、③虐待の予防・防止や虐待を受けた子供の保護・自立支援に関し、関係機関への協力を行うよう努めること（同法5条2項）、④虐待防止のための子供等への教育に努めること（同法5条5項）ですが、虐待の有無の調査、対応方針の検討、保護者への指導・支援等をするのは、権限と専門性を有する児童相談所や市町村（虐待対応担当課）であることを念頭に置きつつ、学校の役割を果たす必要があります。

　また、学校が保護者から威圧的な要求や暴力の行使等を受ける可能性がある場合は、即座に設置者に連絡すると同時に、設置者と連携して速やかに児童相談所、警察等の関係機関、弁護士等の専門家と情報共有し、対応を検討することが重要です。

3　事案発生時の対応

　教職員は虐待と疑われる事案が発生した場合には、直ちに校長等管理職に相談し、相談を受けた管理職は、速やかに学年主任、養護教諭、スクールカウンセラーなどの関係教職員を集めて組織的に情報を収集すべきです。

　特に、①明らかな外傷があり、身体的虐待が疑われる場合、②生命、身体の安全に関わるネグレクト（栄養失調、医療放棄など）が疑われる場合、③性的虐待が疑われる場合、④本人が帰りたくないと言った場合（子供自身が保護・救済を求めている場合）はすぐに一時保護する必要性が高いと考えられ、児童相談所等に速やかに通告すべきです。

　本事案でも、明らかな外傷があり、生徒本人が帰りたくないと言っている以上、児童虐待の可能性を疑い、児童相談所等に相談・通告すべきでしょう。

Q
012

障害者差別解消法における合理的な配慮

障害者差別解消法の施行を受けて、私立学校でも、障害を持った学生に対して特別な配慮をする必要があるのでしょうか。

A
012

私立の学校法人にも障害者の社会的障壁の除去に関する努力義務（国公立の学校では法的義務）が課されていますので、学生の障害の内容・程度に応じて、その学生が適切に教育を受けられる環境を整備する必要があります。ただし、法改正により令和6年4月1日より、私立学校についても「合理的な配慮」に関する義務が法的義務に格上げされます。

解説

1　障害者差別解消法における学校法人等の義務

　独立行政法人日本学生支援機構（日本学生支援機構）が実施した調査によれば、大学・短期大学・高等専門学校における何らかの障害（身体障害・知的障害・発達障害を含む精神障害・その他の心身の機能の障害）を有する学生の在籍者数は、平成18年度で合計4937人でしたが、令和4年度には、合計4万9672人と大幅に増加しています。

　国公立の学校は、障害を理由とする差別の解消の推進に関する法律（障害者差別解消法）7条2項により合理的配慮を行う義務を負います。そして、同法8条2項では、「事業者は…当該障害者の性別、年齢及び障害の状態に応じて、社会的障壁の除去の実施について必要かつ合理的な配慮をするように努めなければならない」と定められており、この努力義務を負う「事業者」には、私

立の学校法人や学校設置会社も含まれますので（同法2条7号）、私立の学校等にも障害者の社会的障壁の除去に関して「合理的な配慮」を行う努力義務があります。

　したがって、本事案の私立学校でも、学生の障害の内容・程度に応じて、当該学生が適切に教育を受けられる環境を整備する努力義務を負います。例えば、身体障害を有する学生に対して、介助等を行う学生（支援学生）、保護者、支援員等の教室への入室、授業や試験でのパソコン入力支援、移動支援、待合室での待機を許可するなどの配慮が必要になる場合があります。

　なお、令和3年5月に同法が改正され、私立学校を含む民間事業者についても、「合理的な配慮」に関する義務が努力義務から法的な義務へと格上げとなりました（改正法は、令和6年4月1日に施行されます）。それにより、「合理的な配慮」を欠く私立学校は、学生に対して損害賠償責任を負う可能性がありますので、より注意が必要になります。

　ただし、合理的配慮は過重な負担を伴わないものを意味します。

　日本学生支援機構のウェブサイトによれば、過重な負担の例として、以下の事例が紹介されており、参考になります。

　公共交通機関と自転車による通学のみ認めている大学で、両下肢機能障害がある学生が自動車通学と大学敷地内の駐輪場利用を希望したところ、大学側が自動車通学を認めたものの、「大学敷地内に貸出可能な駐車場がないこと」などを理由に駐車場利用を認めませんでした。

2　授業支援の方法

　前記した調査結果では、令和4年5月1日時点において、最も多くの学校で実施されていた授業支援は（複数回答。以下同じ）、配慮依頼文書の配布、教室内座席配慮、出席に関する配慮です。

　前記の配慮に加えて、視覚障害では、教材の拡大、講義に関する配慮など、聴覚・言語障害では、FM補聴器・マイク使用、ノートテイクなど、肢体不自由では、専用机・椅子・スペース確保など、病弱・虚弱では、実技・実習配慮などであり、多くの学校において、学生の障害の内容・程度に応じた合理的な配慮が実施されています。

Q 013 授業妨害を繰り返す発達障害の生徒への対応

入学後、ある生徒に発達障害があることが分かりました。この生徒は、授業妨害とも言える行動を取っています。学校は、この生徒を退学処分にできますか。

A 013 発達障害のみを理由に、退学処分にすることはできません。ただし、他の生徒の権利が侵害されないようにするための適切な対処が必要です。

解説

1 障害のある生徒について

障害を理由とする差別の解消の推進に関する法律（障害者差別解消法）により、学校においても、障害者に対する「合理的配慮」が求められるようになりました。学校現場では、聴覚障害の児童生徒・学生が音を聴き取りやすいように机・椅子に緩衝材を設置する、漢字の読み書きが難しい児童生徒・学生に対し、教科書、テストにルビをふるといった対応等が考えられます。合理的配慮の内容は、個別のケースによって様々です。学校は、支援体制を準備の上、本人及び保護者と配慮の内容について調整・決定の上、随時見直していくことが必要になります。

2 発達障害であることが分かったら

発達障害といっても様々であり、障害がありながらも、学習意欲を持ち、学力には何ら問題がないケースも多く、普通科高校や大学への進学を目指す人は数多くいます。

そして、こういった障害を持つ人の中には、入学前に積極的に障害の存在

を学校に伝える人もいますが、中には、本人も保護者も学校に障害を申告しないケース、あるいは、障害に気付かないまま入学してくるというケースも少なくありません。また、入学後に、発達障害を原因とする行動が顕在化することもあります。

　このため、学校では、発達障害のある生徒や学生にどう対処するかが問題となっています。学校は、障害のある人にも平等に教育を受ける機会を確保する必要がありますから、発達障害のみを理由に生徒や学生を退学処分とすることはできません。本事案においても、発達障害があったとしても、それだけでこの生徒を退学処分にはできません。また、学校の人的・物的設備に照らし、その生徒への対応が困難であるとしても、必ずしも退学処分を正当化することはできません。

3　発達障害のある生徒によって、授業が妨げられたらどうするか

　発達障害のために、落ち着いて授業が受けられず、他の児童生徒の教育環境を悪化させるような場合には、どのような対処が必要でしょうか。

　教育機関たる学校としては、児童生徒のために教育環境を維持する義務がありますから、このような事態を放置することはできません。まずは、どのような授業妨害がなされたかをきちんと記録し、これを検証した上で、当該児童生徒とその保護者に事実を伝え、改善を求めることが必要です。

　学校の報告を受けて保護者が本人の状況を理解し、学校と保護者間で、本人の在学関係を継続するための条件を調整できる場合もありますし、弁護士の助言の下、学校と保護者間で、本人の登校や授業参加のルールなどを定めた合意書を作成する場合もあります。

　学校の受け入れ態勢を整えるために時間が必要な場合は、当面は出席を見合わせてもらい、その間は、学校が自宅学習を支援して学力の低下を回避し、学校の態勢が整ったところで、再度登校させ、学校内では、カウンセリング等を通じて、症状の緩和を促すような場合もあります。なお、他の生徒に対する加害行為がある場合、その加害行為の内容を調査の上、懲戒処分を検討することは可能であり、場合によっては処分が相当と言えることもあるでしょう。

Q
014

体罰と学校の責任

授業中に私語を注意されたにもかかわらず、これをやめず、他の生徒にも悪影響を与えていた生徒に対し、反省を促すため、10分間教室の後方で立たせました。後日、生徒から学校に体罰を受けたとの申告がなされました。これは体罰にあたり、学校が何らかの責任を負うのでしょうか。

A
014

生徒が体調不良を訴えているにもかかわらず、立たせ続けたなどの特段の事情がない限り、違法な体罰とまでは言えず、学校が何らかの法的責任を負う可能性は低いでしょう。

解説

1 体罰と懲戒の違い

　体罰と懲戒について、学校教育法11条では「校長及び教員は、教育上必要があると認めるときは、文部科学大臣の定めるところにより、児童、生徒及び学生に懲戒を加えることができる。ただし、体罰を加えることはできない」と規定しています。

　つまり、同法は、体罰を禁止するとともに懲戒を加えることは認めているため、懲戒と体罰の分水嶺が問題となります。

　体罰の定義は法令上定められておりませんが、判断基準としては、当該児童生徒・学生の年齢、健康、心身の発達状況、当該行為が行われた場所的及び時間的環境、懲戒の態様等の諸条件を総合的に考え、個々の事案ごとに判断する必要があるとされています（文部科学省、平成25年3月31日「体罰の禁止及び児童生徒理解に基づく指導の徹底について（通知）」）。

　他方、懲戒方法・形態としては、口頭による説諭・訓戒・叱責が最も適当で、

かつ、有効なやり方であることは言うまでもありませんが、有形力の行使が一切禁止されるわけではなく、必要に応じ、児童生徒・学生に対し一定限度で有形力を行使することも許されてよい場合があると解されています。

そして、有形力の行使が、懲戒権の行使として相当と認められる範囲内のものであるかどうかの判断基準は、児童生徒・学生の年齢、性別、性格、成育過程、身体的状況、非行等の内容、懲戒の趣旨、有形力行使の態様・程度、教育的効果、身体的侵害の大小・結果等を総合して、社会通念にのっとり、結局は各事例ごとに相当性の有無を個別的・具体的に判定することとなります。

2　立たせたことが体罰に当たるか

これを踏まえ、本事案について見ると、生徒の私語による他の生徒への悪影響があったことからそれを防止する必要があったこと、口頭での注意にも従わなかったことなどに鑑みると、10分程度立たせる

認められると考えられる懲戒
放課後等に教室に残留させる。
授業中、教室内に起立させる。
学習課題や清掃活動を課す。
学校当番を多く割り当てる。
立ち歩きの多い児童生徒を叱って席につかせる。
練習に遅刻した生徒を試合に出さずに見学させる。

出典：文部科学省 HP

という程度の有形力の行使は、必要やむを得ない相当なものであると言えます。

よって、本事案において、教室の後方で10分程度立たせたことは体罰には当たらず、生徒が体調不良を訴えているにもかかわらず立たせ続けた等の特段の事情がない限り、学校が何らかの法的責任を負うことはないでしょう。

なお、違法な体罰を行い、万一、生徒に傷害結果を負わせてしまった場合、体罰を行った教員は私立学校の教員であれば、被害者に対し民事上の損害賠償責任を負い、また、公立学校の教員でも私立学校の教員でも、傷害罪等の刑事上の責任も負う可能性があります。また、学校も私立学校であれば使用者責任ないし安全配慮義務違反として、生徒が被った損害について賠償義務を負いますので注意が必要です（公立学校の場合は、国家賠償請求の問題となります。詳細はQ005参照）。

Q
015
校内の窃盗事件の調査と保護者への連絡

学校内で窃盗事件が発生しました。生徒Aは、生徒B の目撃証言によって窃盗を認めましたが、保護者に連絡しない でほしいと懇願しています。このような場合、学校は、Aの保護 者に報告すべきでしょうか。また、Aの保護者が目撃者であるB と面談したいと要望している場合は、応じるべきでしょうか。

A
015
学校は、子供の教育のため、窃盗事件を調査し、事件 に関する情報を保護者と共有することができます。た だし、開示する情報に関しては、他の生徒のプライバシーに配 慮する必要があります。

解説

1　学校による調査

　学校内で窃盗事件が発生した場合、学校は、教育目的の達成と秩序維持の ため、窃盗事件に関係する児童生徒から事情を聴取する等、事件を調査する ことができます。また、調査の結果、学校が児童生徒を特定し、説諭し、ま た懲戒処分を行うことも、その手段方法が合理的なものである限り、学校の 権限として認められています。

2　保護者にはどのように報告すべきか

　学校は、保護者と連携して児童生徒の教育に当たりますから、本事案のよ うな事件が発生した場合、学校は、事案の概要や調査手続等について、加害 児童生徒と被害児童生徒の保護者に報告する必要があります。

　本事案では、生徒Aは保護者に事件のことを伝えないよう求めていますが、

本事案のように窃盗事件が発生した場合には、教育目的を達成するためには学校は保護者に連絡し、保護者と連携・協力するなどして動機の解明や再発防止に努めることが望まれます。生徒が保護者への連絡を拒絶していても、生徒とよく話し合って説得を試みて下さい。

3　面談要望にどう対応すべきか

調査によって得られた情報の中には、開示することが望ましくないものや他の生徒のプライバシーに関わるものもあり、すべての情報を開示するべきではありません。学校内で協議して、開示すべき情報とそうでないものを区別する必要があります。

保護者に伝えるべき情報としては、一般には、①事件の概要（発生日時、場所、状況、被害者、被害品目）、②学校の対応（発覚の経緯、調査方法、調査結果、説諭・指導の内容）、③生徒の現在の状況等が考えられます。

しかしながら、事案により、保護者であっても、被害者側か加害者側かによっても、前記伝えるべき情報に差異が生じる場合があります。

そして、他の児童生徒のプライバシーに関わる事実について開示を求められた場合は、当該児童生徒及び保護者の承諾がない限り、開示を拒否すべき場合もあります。

本事案の場合は、面談要望という形を取っていますが、一種の情報開示要求であり、当事者間の無用な衝突を避けるためにも、面談要求にこたえるべきではありません。

なお、保護者が、突然の事態に動揺して感情的になり、理不尽な要求（加害者側に対する過剰な謝罪要求など）を繰り返す場合もありますので、学校には冷静な対応が求められます。

保護者であっても、理不尽な要求には応じる必要がありませんので、同様の要求に対しては、「応じられない」旨、同じ回答を行って構いません。また、十分な説明をして説明義務を果たせば、以後は説明を打ち切っても問題ありません。仮に、保護者の行為により、学校の運営に支障を来すようなことがあれば、例えば架電禁止の仮処分を行うなど、有効な法的手段を取ることも可能です。

Q 016 校内の窃盗事件と大学の責任

学生が、高価な時計を学内に持ち込み、学内で盗まれたとして、大学に対し、損害賠償を請求してきました。大学は責任を負うでしょうか。

A 016 所持品の管理は、自己責任に委ねられるべきであり、原則として、大学は責任を負いません。

解説

1 所持品の管理

　小学校、中学校、高等学校などでは、児童生徒の発達の程度に応じて、学校側が積極的に持ち物についての指導を行うこともあります。例えば、小学校、中学校などでは、学校に持ち込んではいけないものを厳密に定め、この定めに反する物品を持ち込んだ場合には、教員がいったんそれらを預かり、子供に指導した後、保護者に返すという措置が取られることがあります。これは、子供に持ち物管理の指導をしつつ、盗難を防ぐ効果も期待でき、適切な方法と言えます。

　これに対し、大学生ともなると、判断能力の程度は成人と変わらず、大学側に積極的な指導が求められることは少ないと言えますが、盗難の危険を回避するために、大学が、学生に対し、規則を定めて、教育目的に不要な物、特に高価品の校内への持ち込みを禁じる措置を取り、日ごろから、高価品や貴重品を校内に持ち込まないこと、仮に盗難が生じたとしても、大学は何ら責任を負うものではないことを、学生たちによく周知させることが必要です。

　本事案では、学内で、高価な時計の盗難があったとされていますが、基本的に、持ち物の管理責任は学生本人にありますから、大学は、責任は負わ

ないと言うべきです。特に、学校が持ち込みを禁じた高価品などについては、被害額が大きくとも、大学が責任を負うことはありません。

2　大学が保管した場合について

　では、体育の授業などで、大学が、学生の所持品の保管場所を指定して、これを管理した場合、大学は盗難について、責任を負わなくてはならないでしょうか。

　通常、大学が学生から所持品を預かった場合には、大学には、当該所持品の保管について一定の注意義務があると解されます（民法645条）。したがって、盗難や滅失、毀損により学生に被害が生じた場合、大学に保管に関する落ち度があれば、大学は当該学生に対し損害賠償義務を負う場合があると解されます。

　もっとも、学校教育と貴重品の持ち込みとは通常関連がありませんので、学生の所持品を保管するに当たり、保管物の中に高価な時計等の貴重品がある場合には、その内容を告知してもらうこととし、内容によっては、貴重品の保管を拒絶することも可能であると考えられます。いずれにせよ、学校で保管をする場合、その内容（全額の上限、品目等）についてルールを設けることが望ましいと言えます。

　なお、学校が、貴重品の保管を拒絶できることについては、大学に限らず、小学校、中学校、高等学校でも同様です。

3　学校の防犯対策

　学校は、児童生徒・学生に対して、安全に教育を行う場所でなければなりません。学校は、安全で適切な教育環境を提供すべく、必要な防犯対策を講じることが求められており、敷地境界、敷地内、建物内等における建築計画的な対応と、防犯監視システムや通報システム等の建築設備的な対応を、共に充実させることが必要とされています。学校がこれらの防犯対策を行わなかったために、外部侵入者の窃盗などによる被害が発生した場合、学校が、損害賠償に応じなければならない事態に陥る可能性もあります。

保護者が学費を支払う法的義務の有無

　本学では、高校入学手続の際、学費について保護者との間で連帯保証契約を結んでいないのですが、このような場合でも、生徒の保護者には学費を支払う法的義務があるのでしょうか。

A
017

　判例では、在学契約の当事者は保護者ではなく生徒であるとされており、法的には、保護者には学費を支払う義務はありません。そのため、入学手続の際などに、学費について保護者が連帯保証をする内容の書面を作成しておく必要があります。

解説

1 在学契約の当事者

　生徒の保護者が学費を支払う法的義務を負うかどうかは、在学契約の当事者を保護者と考えるか、生徒と考えるかによって結論が異なります。在学契約とは、その学校の校長や教員に事実行為としての日常の教育給付を委任し、単位取得・進級・卒業認定などの法律行為を委任することを主たる内容とし、同時に学校自治共同体に参加する身分取得の内容を併せ持つ、期間の定めのある継続的債権契約であるとされています。

　判例[注1]は、「私立中学校及び私立高等学校を経営する学校法人は、親等の保護者との契約に基づいて教育に関する給付を提供するものではなく、教育に関する給付を受ける主体である生徒との間における在学契約に基づいて前記給付を行うものというべきであり…在学契約の当事者は生徒である」とした

【参考判例】注1　最判平成 21 年 12 月 10 日

下級審判決[注2]を支持しています。

このように、在学契約の当事者が生徒であるとする最高裁の考え方を敷衍すると、理論的には、学費の支払義務も生徒自身が負い、法的には、保護者は在学契約に基づく学費の支払義務を負わないことになると考えられます。

2　保護者に学費の支払義務を負担させるための方法

保護者に確実に学費の支払義務を負わせるためには、保護者との間で連帯保証契約を締結する必要がありますが、注意点が3点あります。

⑴　必ず書面を作成すること

民法上、保証契約は書面でしなければ効力が認められませんので、必ず書面を作成してください（同法446条2項）。

⑵　単なる「保証」ではなく、「連帯保証」とすること

単純保証の場合、保証人への請求には一定の制限があるため（同法452条、453条）、必ず「連帯」の文言を記載する必要があります。

⑶　「極度額」を定めること

令和2年4月1日施行の民法改正により、個人が保証人となる根保証契約は、予測可能性を担保するため、極度額（根保証により担保することができる債権の合計額の限度）を定めなければ無効とされます（同法465条の2第2項）。

3　消滅時効について

消滅時効に関しても民法が改正され、債権者が権利を行使できることを知った時から5年（学費の場合、通常はこちらです）、権利を行使できる時から10年で時効消滅することとされました（同法166条）。ただし、改正法施行日の令和2年4月1日より前に発生した債権（令和2年3月31日以前に締結された在学契約に基づき発生した債権）には、旧民法が適用され、従前どおり時効期間は2年となりますので、この点には注意が必要です（詳細はQ022参照）。時効が完成間近であるような場合には、債務承認書を生徒と保護者の連名で作成してもらうなどし、時効を更新（リセット）させる必要があります。

【参考判例】注2　東京地判平成18年9月26日、東京高判平成19年10月31日

入学時の保証契約と極度額の定め

本学では、毎年、新入生の保護者より、学費の支払い等を約する誓約書を徴収していますが、民法改正により極度額の定めが必要と聞きました。どのように記載すればよいでしょうか。

保証契約は①書面でする必要があること、②「連帯保証」である旨明記すること、③個人根保証の場合は、責任を負う上限額を定めた「極度額」の明示が必要であることに、特に注意をしましょう。

解説

1 在学契約の当事者

まず、判例では、在学契約の当事者は、保護者ではなく生徒であるとする見解が支配的であり、理論的には、学費の支払義務は生徒が負うことになるため、保護者に確実に支払義務を負わせるためには、保証契約の締結が必要となります。

それでは、保護者から徴収する「誓約書」を、法的に有効な保証契約とするために必要な記載を見ていきましょう。

2 保証契約に関する民法のルール

⑴ 書面で行うこと

まず、保証契約は「書面」でしなければ効力を有しないとされているため（民法446条2項）、口約束では無効である点にご注意ください。

⑵　「連帯保証」である旨明記すること

　　また、「保証人」「保証する」という文言しか記載されていない場合、保護者は単なる保証人としての責任しか負いません。そのため、この場合、まず主債務者本人（生徒）に請求しなければならず（同法452条）、直ちに保護者に請求することはできないことになります。

　　さらに、学校では、保護者以外の第三者を保証人とするケースもありますが、保証人が複数となる場合、各保証人に請求できる金額は保証人の頭数で割った金額（例えば、保証人が2人いる場合、各保証人に請求できるのは請求額の2分の1まで）しか請求できないことになります（同法456条）。連帯保証人（同法454条）に対しては、直ちに全額請求できることになり、この点は、連帯保証人が複数であっても変わりません。

　　よって、保護者等から徴収する誓約書には「連帯保証人」「連帯して保証する」という文言を明記することが望ましいと言えます。

⑶　「極度額」を明示すること

　　令和2年4月1日施行の改正民法では、一定の範囲に属する不特定の債務を主債務とする保証契約であって保証人が法人でないもの（個人根保証契約）は、極度額を定めなければ無効とされました（同法465条の2第2項）。これに伴い、発生の有無又は金額が不特定な在学契約上の債務（例えば、学校の施設・備品等を生徒が損壊させた場合の損害賠償債務など）や学生寮の賃貸借契約等に基づき学生が負う各種債務を保護者に保証させる場合には、個人根保証契約として極度額を定める必要があります。

　　具体的な金額を幾らに設定するかは、学校の裁量に委ねられていますが、在学中（中学、高校は3年間、大学は4年間）の授業料相当額や1年分の授業料相当額など、授業料を基準とした極度額を定める例が見受けられます。なお、極度額は「●●円」と金額を明示する必要があるため「年間授業料相当額」の記載では極度額の定めとして不十分である点にも注意を要します。

> **Q**
> 019
>
> **学納金不返還特約の有効性**
> 大学の入学予定者が、入学辞退に伴い、入学金と授業料の返還を求めてきました。「納付された入学金及び授業料は、理由の如何を問わず返還しない」旨の入試要項に基づき、返還を拒絶することは可能でしょうか。

> **A**
> 019
>
> 原則として、入学金は返還不要ですが、授業料は入学辞退が3月31日までの場合は全額返還必要、4月1日以後の場合は初年度分に限り返還不要です。

解説

1 消費者契約法との関係

契約自由の原則により、納付された入学金や授業料は返還しない旨の特約（以下「不返還特約」）をすることは可能です。ただ、不返還特約のうち「当該消費者契約と同種の消費者契約の解除に伴い当該事業者に生ずべき平均的な損害の額を超えるもの」のうち当該超える部分を定めたものは、無効です（消費者契約法9条1項1号）。

2 平成18年11月27日最高裁判決

本事案のような不返還特約の有効性については、最高裁判所は、以下のとおり、原則として入学金は返還不要、授業料は入学辞退が3月31日までの場合は全額返還必要、4月1日以後の場合は初年度分のみ返還不要としています。

⑴ 在学契約の成立

まず、大学の入試要項等に則り、入学金や授業料等の諸費用の納付や必要書類の提出などの入学手続が所定の期間内に完了することをもって、在

学契約が成立します。

(2)　入学金について

　　入学辞退の申し出（口頭でも可能）は、在学契約解除の意思表示と評価できますが、学生が大学に入学し得る地位を取得する対価の性質を有する入学金は、その納付をもって学生は前記地位を取得しており、その後に在学契約が解除されても、大学はその返還義務を負いません。そもそも性質上、入学金について大学は返還義務を負わないため、不返還特約は注意的な定めということになります。

(3)　授業料について

　　3月31日までに在学契約が解除される場合、学生は大学の学生としての身分を取得することも、大学から教育役務の提供等を受ける機会もなく、大学が在学契約に基づく給付の対価として授業料を取得する根拠を欠くため、大学はその返還義務を負います。一方、同日よりも後に在学契約が解除された場合、前納された授業料に対応する学期又は学年の中途で在学契約が解除されたものであるときは、大学が在学契約に基づく給付を提供していない部分に対応する授業料については、大学が当然に取得し得るものではないとされています。

　　この点、不返還特約がある場合、不返還特約は、入学辞退によって大学が被る可能性のある収入の逸失等を回避するための損害賠償額の予定又は違約金の定めの性質を有するとされています。その上で、一般に、大学は、合格しても入学手続を行わない者等が相当数存在することを見込んで合格者を決定しているところ、大学が合格者を決定するに当たって織り込み済みのものと言える3月31日までに在学契約が解除される場合、原則として、大学に生ずべき平均的な損害はなく、授業料全額が大学に生ずべき平均的な損害を超え、不返還特約は無効となり、大学は返還義務を負います。

　　これに対し、4月1日以後の解除の場合、大学の予算は年度単位で策定されていること等から、原則として、大学は初年度に納付すべき範囲内の授業料相当額の損害を被るものと言え、これが大学に生ずべき平均的な損害となり、その範囲で不返還特約は有効となり、大学は返還義務を負わないとされています。

Q
020

受験料の返還義務

受験料を納付したものの、願書を提出しなかった受験生が、本学に対して受験料の返還を求めていますが、返還に応じなければいけないのでしょうか。受験要領では、一度納付された受験料は返還しないと定めていますが、これを根拠に返還を拒めないでしょうか。

A
020

願書を提出していない場合、受験契約が成立しておらず、不返還特約が適用される前提を欠くことになるため、納付された受験料は法的には不当利得となり、返還義務が生じます。また、不返還特約自体が無効とされる可能性もあります。

解説

1 受験契約の成否

受験料の返還の要否を判断するに当たっては、受験契約において、受験料の支払いと願書の提出が法的にどのような意味を持つのかを検討する必要があります。

東京地裁平成15年11月10日判決は、模擬試験の受験契約の性質を民法上の準委任契約であるとしており、受験契約の成立には、受験生からの申し込みの意思表示と、学校からの承諾の意思表示が合致する必要があります。

これを実際の出願手続で見ると、願書の提出又はウェブサイトにおける出願が受験契約の申し込みの意思表示、学校からの受験票の送付が承諾の意思表示という意味を持つと言えます。

　そして、多くの学校において、受験要領等には、受験料を納付するだけでなく、願書の提出（又はウェブ出願）が完了してはじめて、受験契約の申し込みが完了することが明確になっているはずです。

　そうすると、本事案の場合、願書の提出という受験契約の申し込みの意思表示がないため、そもそも受験契約が成立していないことになります。また、申し込みの意思表示がない以上、受験契約の予約が成立したと考えることも困難です。したがって、法的には、納付された受験料は不当利得となり、返還義務が発生します。

2　不返還特約の有効性

　多くの学校では、受験要領等に、いったん納付された受験料は理由のいかんを問わず返還しない旨の不返還特約が付されていると思います。それでは、この不返還特約を根拠として、願書を提出しなかった受験生に対する受験料の返還を拒むことはできるでしょうか。

　事業者に一方的に有利な内容の特約は、知識や情報量で劣る一般消費者を保護するための法律である消費者契約法10条によって無効とされる場合があります。

　そして、前記の東京地裁平成15年11月10日判決は、塾の模擬試験について、解除時期を問わない一律の解除制限約定（不返還特約）は、同法10条により無効になると判断しており、これによると、不返還特約がある場合であっても、その特約自体が無効とされる可能性があることに注意が必要です。

　また、仮に不返還特約が有効であるとしても、本事案のように、そもそも願書が提出されておらず、受験契約が成立していない場合には、不返還特約を適用する前提を欠くことになりますので、いずれにしても、本事案のような場合において、不返還特約を根拠として、既に納付された受験料の返還を拒むことはできません。

　なお、学納金の不返還特約についてはQ019をご参照ください。

Q 021 奨学金を滞納している卒業生等への対応

本学が貸し付けている奨学金の返済が滞っている卒業生が増加しており、連絡しても全く回答がないケースもあります。そのような卒業生や保証人である保護者に対してどう対応すべきでしょうか。

A 021

学校側で弁済期間を決めた上で、卒業生本人や保証人に対して、書面で一括支払い又はあらかじめ定めた期間内での分割弁済案の提示を求め、回答をしない又は期間内での分割弁済案を提示しない場合は、支払督促等の法的手続を取るべきです。

解説

1 奨学金の回収手順

奨学金回収は、最初から法的手続を取ることは多くなく、通常は、段階的に手続を進めていくことになります。

具体的には、まずは学校側で3年や5年などの弁済期間を定めた上で、卒業生及び保証人に対して、内容証明郵便等の書面によって、一括での弁済又はあらかじめ定めた期間内での分割弁済案の提示を求めます。この書面に対して、期間内での分割弁済案の提示があった卒業生や保証人に関しては、学校との間で合意書や覚書などを締結します。合意した弁済方法に基づく弁済が継続している限り、必ずしも法的手続を取る必要はありません。

これに対して、学校からの連絡を無視する、もしくは、学校が定めた期間内での分割弁済案を提示しない卒業生や保証人又はいったん期間内での分割弁済で合意したにもかかわらず、その後に弁済を行わなくなった卒業生や保

証人に対しては、それ以上、任意の支払いを求めても効果がありません。速やかに、支払督促や訴訟等の法的手続を取る必要があります。

　学校が支払督促や訴訟等の法的手続を取り、裁判所からの書類が届いた段階もしくは訴訟等の期日で、卒業生や保証人が一括弁済や分割弁済を申し出てくる場合があります。この場合は、訴えを取り下げて任意の弁済合意を行うか、訴訟手続で和解を成立させて回収を図ります。

　一方、法的手続を取っても弁済等をしてこない卒業生や保証人に対しては、法的手続を進めて判決等を得た上で、預貯金や給与の差し押さえ等、強制執行も検討する必要があります。

2　貸付時の工夫

　貸付の際は、弁済が滞った場合を想定して、債権回収を容易にできる条項を申込書に記載したり、資力に関する情報を収集するなど工夫が必要です。

　例えば、分割弁済の場合、その弁済を怠った場合は当然に期限の利益を喪失する（＝残額を一括で支払うことになる）文言を入れることは一般的によく行われます。

　また、強制執行を行う場合、第三債務者（給与の差し押さえの場合は勤務先、預金の差し押さえの場合は銀行名と支店名）を特定する必要がありますので、貸付の時点で、申込書に保証人の勤務先記入欄を設けるなどして情報を収集することも有用です。

3　債権管理

　奨学金の管理業務は、消滅時効（支払期日の翌日から5年。ただし、民法改正前である令和2年3月31日以前に発生したものについては従前どおり2年）の管理や、多数の卒業生・保護者との交渉・書面管理が極めて煩雑であるため、弁護士等の専門家に管理を一任することも有効です。なお、消滅時効にかかってしまった債権でも、債務者との交渉において任意に支払意思が示され、合意書が締結されれば（時効の利益放棄）、債権回収は可能です。その点についても弁護士に相談の上進めると効果的です。

Q 022 学納金等の時効期間と回収上の留意点

私立学校では、授業料等の学納金及び貸与型奨学金の滞納に困っているのですが、民法改正により時効期間が変わったと聞きました。どのように変わったのでしょうか。

A 022 授業料等の学納金も、貸与型奨学金も、時効期間は原則として「5年」に変更されました。

解説

1 民法改正

　令和2年4月1日を施行日として民法が改正されました。その前は、改正前の民法（旧民法）に基づき、授業料等の学納金の時効期間は2年、貸与型奨学金の時効期間は10年でした。

　しかし、改正後の民法（新民法）では、債権一般について ① 権利を行使することができることを知った時から5年、② 権利を行使することができる時から10年――のいずれか早い方の経過によって時効が完成することとされました（新民法166条1項）。

　そのため、授業料等の学納金も貸与型奨学金も、時効期間は原則として前記① に基づき「5年」と考えるべきとなりました。「原則として」というのは、債権者（学校）が権利を行使することができること（弁済期到来）を知った時から時効期間が算定されるため（前記①）、権利を行使することができることを知らない間は、権利を行使することができる時（弁済期）から10年で時効にかかるところ（前記②）、通常は学校が権利を行使することができること（弁済期到来）を知らないはずはないためです。

　ただし、新民法は、冒頭の施行日後に、債権発生の原因である法律行為（授

業料等の学納金は入学時の在学契約、貸与型奨学金は貸与時の金銭消費貸借契約）をした場合に適用されます。したがって、施行日より前に生じた授業料等の学納金や貸与型奨学金には、旧民法が適用されます。

2　回収における留意点

　時効期間が迫っているものの、直ちに支払いが見込めない場合、債務を承認する旨の書面を徴収しておけば、時効が更新され（新民法152条）、時効期間のカウントし直しとなります。

　また、時効期間が経過した場合でも、債務者が時効を援用するまでは、債権が消滅するわけではなく、支払いを求めることは可能で、任意の支払いがあれば、その弁済は有効です。そして、時効期間経過後であっても、債務を承認する旨の書面は有効で、これにより信義則上、時効援用はできなくなります。なお、債務者が支払義務を争うなどして債務承認書面が徴収できない場合、権利につき協議を行う旨を書面で合意すれば、一定期間時効の完成を猶予できます（新民法151条1項）。

　回収の手順としては、まず、学校から支払いを求める通知を送り、支払いがなければ時効が迫っているか（前記の債務承認書面の要否）に留意しつつ、裁判手続に進みます。裁判手続としては、通常の訴訟提起前に、書類審査のみで行われる簡易な手続として支払督促申し立てという方法もありますので、弁護士などの専門家に相談することをお勧めします。支払督促が奏功しなければ、通常訴訟に進みます。

　支払督促ないし通常訴訟によって仮執行宣言付支払督促や確定判決といった債務名義を取得した後は、給与や預金の差し押さえなどの強制執行による回収が可能となり、これらの債務名義があれば、時効期間はそれぞれの確定日の翌日から10年となります（新民法169条1項）。

3　国公立学校の場合

　国公立学校の場合も、授業料等の学納金や貸与型奨学金の時効期間は私立学校と同様です。時効期間に留意し、適切な回収を図りましょう。

Q 023

信教の自由とサークルの公認

　当大学のサークル取扱要領では、宗教の勧誘活動を行うことを目的とした団体は公認しない旨の規定を置いていますが、ある学生から、こうした要領は学生の信教の自由を侵害するとのクレームがなされました。取扱要領に問題はあるでしょうか。

A 023

　取扱要領で宗教の勧誘活動を行うことを目的とした団体は公認しない旨の規定を定めること自体は合理的かつ相当であると考えられますので、学生の信教の自由を侵害するものとは言えないでしょう。

解説

1　大学が有する学則を定める権利

　本事案は、私立大学の学則に違反して政治活動等を行った学生に対する退学処分の有効性が問題となった昭和女子大学事件（最高裁昭和49年7月19日判決）が参考になります。

　前記判決によれば、大学は、学生の教育と学術の研究を目的とする公共的な施設であり、法律に格別の規定がない場合でも、その設置目的を達成するために必要な事項を、学則等により一方的に制定し、これによって在学する学生を規律する包括的権能を有するものと解されています。

　特に私立学校においては、建学の精神に基づく独自の伝統ないし校風と教育方針があり、これによって、私立学校はその社会的存在意義が認められ、学生もこれらの教育方針等の下で教育を受けることを希望して当該大学に入学するものと考えられます。そのため、この教育方針等を学則等におい

て具体化し、これを実践することが当然認められるべきで、学生としてもまた、当該大学において教育を受ける限り、こうした規律に服することを義務付けられるものと言えます。

　もっとも、そのような包括的権能も絶対的に無制限なものではあり得ず、大学と学生との間の在学関係設定の目的と関連し、かつ、その内容が社会通念に照らして合理的と認められる範囲においてのみ是認されることとなります。

2　信教の自由との関係

　これを踏まえ、本事案について見ると、本事案の取扱要領は宗教の勧誘活動一切を否定するものではなく、サークルとして公認をしないというものにすぎません。

　また、宗教の勧誘活動を目的とした団体を公認することは、大学として当該サークルの宗教を推進しているような誤解を与えることになり、場合によっては建学の精神に反する可能性もあります。

　よって、取扱要領で宗教の勧誘活動を行うことを目的とした団体は公認しない旨の規定を定めること自体は合理的かつ相当であると考えられますので、学生の信教の自由を侵害するものとは言えないでしょう。

3　学則に違反した場合について

　仮に学生が、学則に違反した場合、学生に対して懲戒処分を検討する際の注意点についても触れます。

　前記判決によれば、学生に対する懲戒処分は、一定の教育的裁量に任せるべき処分ですので、それが全く事実の基礎を欠くか、又は社会通念上、著しく妥当性を欠くと認められる場合に限り、違法と判断され、極めて広い裁量が認められています。他方で、退学処分は、学生に改善の見込みがなく、これを学外に排除することが教育上やむを得ないと認められる場合に限って選択すべきとして裁量の範囲を狭く解されています。

　そこで、学生に対しては、まず、退学以外の処分で改善を促し、それでも学則違反を繰り返すような場合には、退学処分を検討するのがよいでしょう。

Q 024　学則の有効性

大学の構内での喫煙を全面的に禁止する学則は有効でしょうか。

A 024　大学の構内での喫煙を全面的に禁止する学則は有効となる可能性が高いです。また、単に禁止とするだけでなく、医師による禁煙相談を実施するなどの対策も講じることが望ましいでしょう。

解説

1　大学が有する学則を定める権利

大学は、その設置目的を達成するために必要な事項を学則等により一方的に制定し、これにより在学する学生を規律する包括的権能を有するものと解されています。

もっとも、そのような包括的権能も無制限なものではなく、在学関係設定の目的と関連し、かつ、その内容が社会通念に照らして合理的と認められる範囲においてのみ認められます（詳細はQ023参照）。

2　学則の有効性

これを踏まえて本事案について見ると、喫煙は喫煙者の健康に与える影響が大きいことや非喫煙者の受動喫煙によって健康被害が生じるなどの問題があります。

その他、一部の調査によると、たばこ税の税収よりも、喫煙による医療費の増加等の社会コストの方が大きいという調査結果もあります。

以上の状況に鑑み、学校教育法1条に該当する学校等においては、敷地内

が原則として禁煙になっています（健康増進法29条1項1号、同施行令3条1号）。

　よって、大学の構内で喫煙を禁止することは学生の健康を確保するのみならず、法令上も求められているものであり、喫煙を禁止する必要性は高いでしょう。

　また、その内容もあくまで大学の構内での喫煙を禁止するというもので、学外での喫煙についてまで禁止するものではないため、過度に学生の私生活に介入するものではなく、その内容も相当と言えるでしょう。

　以上から、大学の構内での喫煙を禁止する学則は有効と考えられます。

　なお、大学の構内での喫煙を禁止する学則を制定する場合に、医師による禁煙相談室を設ける、禁煙補助食品を希望者に配布するなどの運用をしている大学もあるようです。

　このような丁寧な対応を学則制定と併せて行うことは、より望ましい対応と言えるでしょう。

Column

いわゆる「ブラック校則」について

　近年、主に中高に多いですが、「ツーブロック禁止」「下着色の指定」など、その合理性に疑問が呈される校則が社会的に注目を集めており、児童生徒の人権侵害ではないか、と捉えられるようになってきました。

　そこで、文部科学省は、令和3年6月8日付「校則の見直し等に関する取組事例について」という事務連絡で各自治体等に校則の見直し事例を周知して校則の見直しを促進したり、12年ぶりに「生徒指導提要」を見直したりするなどして、校則が時代の流れに沿った合理的なものになるよう動きを強めているところです。

　その結果、改訂された文部科学省作成の「生徒指導提要」（令和4年12月）によれば、「校則の運用」については、「何のために設けたきまりであるのか、教職員がその背景や理由についても理解しつつ、児童生徒が自分事としてその意味を理解して自主的に校則を守るように指導していくことが重要」であること、「校則の見直し」については、「校則を制定してから一定の期間が経過し…社会の変化等を踏まえて、その意義を適切に説明できないような校則については、改めて学校の教育目的に照らして適切な内容か、現状に合う内容に変更する必要がないか、また、本当に必要なものか、絶えず見直しを行うこと」などと記載されております。

　校則の見直しは、児童生徒・保護者とのコミュニケーションの機会にもなり、また、学校の価値を高めることにもつながりますので、これを機に検討してみてはいかがでしょうか。

Q 025

学則等の諸規程と定型約款

私立学校の学則等の諸規程は、「定型約款」に該当する可能性があると聞きました。新入生の入学時や学則等の変更時には、どのようなことに注意すればよいでしょうか。

A 025

新入生の入学時、学則等の諸規程（以下「学則等」）を在学契約の内容とすることを承諾する誓約書の作成、提出を求めましょう。また、学則等は、学校のウェブサイトに掲示し、変更の際は、変更の内容と時期をあらかじめサイト等で周知します。

解説

1 定型約款とは

定型約款とは「大量の同種取引を迅速・効率的に行う等のために作成された定型的な内容の取引条項」を指し、電車やバスの運送約款、電気・ガスの供給約款、保険約款などがこれに当たります。大量の取引を迅速に行うには、詳細で画一的な取引条件等を定めた約款を用いることは不可欠ですが、民法にはこれまで定型約款に関する規程がなく、令和2年4月1日施行の改正民法で、定型約款の定義、契約の内容となるための要件、表示方法、変更の要件が定められました。学則等はこの定形約款に該当しうる（文部科学省令和2年6月3日事務連絡）ので注意が必要です。

2 定型約款に関する民法のルール

(1) 定型約款が契約の内容となるための組入要件

　契約の当事者は、本来、契約の内容を認識しなければ契約には拘束されませんが、定型約款は①これを契約の内容とする旨の合意があった場合、あるいは、契約の内容とする旨をあらかじめ相手方に「表示」していた場合は契約の内容となり、相手方が約款を細部まで読んでいなくても、個別の条項について「合意したもの」とみなされます。もっとも、②相手方の利益を一方的に害する契約条項であって信義則に反する内容の条項（不当条項）は、契約内容とはなりません（同法548条の2）。

⑵　**定型約款の表示**

　定型約款を契約の内容とする前提として、民法は、定型約款の内容を、相手方に表示することを求めています（同法548条の3）。

⑶　**定型約款の変更要件**

　定型約款は、その変更が①相手方の一般の利益に適合するとき、あるいは②契約をした目的に反せず、かつ、変更の必要性、変更後の内容の相当性、変更をすることがある旨の定めの有無及びその内容その他の変更に係る事情に照らして合理的なものであるとき、変更することができます。この場合は、効力発生時期を定め、定型約款を変更する旨及び変更後の定型約款の内容並びにその効力発生時期をインターネット等により周知する必要があります（同法548条の4）。

3　学校の対応

　以上をふまえると、例えば、学生の入学時、誓約書等に「私は、学則等の諸規程が在学契約に含まれることを承諾し、これらを守ることを誓います」などの記載を設けることにより、学校は学則等を在学契約の内容とすることができます。また、学校のような大きな組織では、ウェブサイト上に学則等を掲載して学生に「表示」する方法が簡便で適切です。

　学則等を変更する際には、法令に従い、文部科学大臣（学校教育法4条2項3号、学校教育法施行令23条の2）あるいは都道府県知事（学校教育法131条、学校教育法施行令27条の2第1項1号）に届出を行うとともに、インターネット等による周知を怠らないようにしましょう。また、変更の根拠資料を準備しておくとよいでしょう。

Q
026

退学処分の手続上の留意点

学生を退学処分とする場合にどのような手続を取る必要がありますか。

A
026

学則等に定められた手続に従い、退学処分とする事実について、学生に弁明の機会を保障する必要があります。

解説

1 退学処分について

学校は、内部規律を維持し、教育目的を達成するため、児童生徒・学生に対して、懲戒処分を行うことができ、懲戒処分には、退学、停学、訓告等の処分があります。ただし、義務教育中の小学校と中学校において停学処分は行えず、公立の小学校と中学校では、退学処分も行えません。

退学処分を行うには、①性行不良で改善の見込みがない者、②学力劣等で成業の見込みがない者、③正当な理由がなくて出席常でない者、④学校の秩序を乱し、その他学生又は生徒としての本分に反した者、に該当する必要があります（学校教育法施行規則26条3項）。

また、退学処分は他の懲戒処分と異なり、学生の身分を剝奪する重大な措置であることから、当該学生に改善の見込みがなく、これを学外に排除することが教育上やむを得ないと認められる場合に限って退学処分を選択すべきです（詳細はQ027参照）。

2 退学処分の手続について

(1) 事実の確認

退学処分を検討する際は、まずは、その根拠となる事実をよく確認する

必要があります（事実確認の方法については、Q002を参考にして下さい）。

⑵ 適正手続の要請

退学処分等の懲戒処分は、教育的見地からなされるものですが、学生・生徒から見ると不利益処分であり、処分に当たっては、適正手続の要請が働きます。特に退学処分は、学生・生徒という社会的身分を一方的に失わせることになる重大な処分ですので、慎重に手続を行う必要があります。

⑶ 適正手続の内容

まずは、手続自体が適正になされなければなりませんので、学則等に従って行われなければなりません。

また、問題となっている懲戒対象事実について、学生・生徒本人に、処分の前に事実を告知し、十分な弁明の機会を保障する必要があります。

弁明の機会とは、懲戒対象事実について、学生・生徒本人が認めるのか、認めないのか、ということに限らず、事実について、学生・生徒本人の言い分をよく聴き取ることが大切です。複雑な事案の場合には、学生・生徒本人から複数回言い分を聞く必要が生じることもあります。

また、後日、裁判等の紛争になることも考えられますので、必ず記録化しておく必要があります。

もっとも、弁明の機会を保障することで足り、学生・生徒本人が弁明の機会を放棄した場合や、弁明に応じない場合については、現実に弁明がない場合でも懲戒処分は可能です。

⑷ 保護者や弁護士の同席について

事実を確認するための調査の場合は、保護者の同席は不要ですが、学生・生徒が未成年者の場合は、手続の納得性の観点からも、保護者に同席してもらった方がよい場合もあります。

懲戒処分は、学校内部の手続ですので、学生・生徒や保護者が弁護士の同席を求めても応じる必要はありません。もっとも、弁護士を同席させることで、十分な弁明の機会が保障されたと判断されやすいので、あえて弁護士の同席を認め、又は弁護士には別室に待機してもらって必要に応じて学生・生徒が相談できるようにすることも考えられます。なお、この場合には、学校は、学校側の弁護士を同席させた方がよいと思われます。

退学処分の有効性

大学の文化祭で学校が出している協賛金の一部を学生が私的に流用している事実が判明しました。学校としては退学処分もやむを得ないと考えていますが、退学処分が重すぎるということはないでしょうか。

A
027

流用した金額が大きく、反省も見られないのであれば、懲戒処分としての退学処分もやむを得ません。

解説

1 懲戒処分について

　大学は、その設置目的を達成するために必要な事項を学則等により一方的に制定し、これによって在学する学生を規律する包括的な権能を有しています。

　そのため、大学は、在学関係にある学生の処遇に関しても、一定の裁量権を有しており、学生に対する懲戒処分の要否等においても、専門的、教育的見地からの検討が不可欠であるため、大学が行う懲戒処分の裁量は広く解される傾向にあります。

　ただし、退学処分は他の懲戒処分と異なり、学生の身分を剥奪する重大な措置であることから、当該学生に改善の見込みがなく、これを学外に排除することが教育上やむを得ないと認められる場合に限って退学処分を選択すべきです。

2 退学処分が有効とされた事例

　退学処分が有効と判断された事例としては、学生が自己の考えに反対の意見を言う他の学生に対して、執拗に攻撃的かつ威圧的な態度を示して、法

的手続を取るなどと述べたり、授業中に授業と関係のない事柄の質問を続け、授業の進行を妨げたり、他の女子学生に対して執拗に友人関係の構築を求めるメールを送るなどしたという事例[注1]において、当該学生に対する退学処分を有効とした事例があります。

　その他にも、同級生に対して強制的に買い物に行かせるなどいじめを行い、女性教員に対してもセクハラ的な言動を行った生徒に対する退学処分を有効と判断した事例[注2]、芸能活動禁止の校則に違反し、約100頁の水着写真集を全国的に出版したり、著名週刊誌のグラビアモデルとして水着姿の写真を掲載したり、インターネット上にブログを公開して写真集の宣伝を行った学生に対する退学処分を有効とした事例[注3]、夜間外出や、喫茶店への立ち入り、ダンスパーティー、その他風紀上好ましくないところへの出入りが禁止されている学校において、男性とビアホールやスナックバーで飲酒したことについて、過去に停学処分を受けた経緯も鑑み、退学処分を有効とした事例[注4]、及び、約1年6カ月間、蹴る、強い力で引っ張るなどの暴行を含むいじめを学校内外で行い、被害生徒が外国の学校に留学せざるをえなくなった事例において、加害生徒の退学処分を有効とした事例[注5]があります。

3　本事案における結論

　その上で、本事案に対する回答ですが、協賛金の私的流用は横領に該当するものであり、懲戒事由に該当します（一般的には「大学の秩序を乱し、その他学生としての本分に反した者」という懲戒事由を定めている大学がほとんどであると思われます）。

　そして、流用された金額が大きく、被害回復がなされていない、反省の態度も示さない等の事情があれば、学生に改善の見込みがなく、これを学外に排除することが教育上やむを得ないと言えます。

　このような場合には、懲戒処分としての退学処分も重すぎるということはなく、相当であると考えられます。

Q 028 薬物事犯で逮捕・起訴された学生の懲戒処分

薬物事犯で学生が逮捕・起訴されました。事実であれば懲戒処分を検討していますが、どの段階で懲戒処分ができるでしょうか。また、退学処分は可能でしょうか。

A 028 逮捕されている学生と面会をして、事実関係の聴き取り調査を行い、事実関係を認めた場合には、その時点で懲戒処分とすることができます。薬物事犯の場合、退学処分もやむを得ないでしょう。

解説

1 懲戒処分を行う時期

　懲戒処分を基礎付ける事実関係について、面会を行い、学生が認めた場合には、その時点で懲戒処分を下すことは可能です。また、学生の弁護人と連絡を取り、第1回公判期日の日程を確認して裁判を傍聴し、冒頭の罪状認否という手続において、被告人となっている学生が罪を認める旨の発言をしたのを確認して処分を決めるという考え方もあります。そして、刑事裁判で有罪判決が確定した場合には、厳格な手続の下、証拠によって認定された事実となるため、懲戒事由を基礎付ける事実の存在は、ほぼ確実であると考えて問題はないでしょう。

　これに対して、学生が認めず懲戒対象となる事実関係に争いがある場合には、懲戒処分は、学生に対する不利益処分であり、民事裁判に発展する可能性があること、裁判に発展した場合には証拠の有無が厳密に問われることに鑑み、慎重に対応することが望まれます。また、面会で罪を認めていても、裁判で主張を覆し、実際に無罪となることもあるため、判決や罪状認否を確

認した後に処分を下す方が、より確実な方法であると言えます。

　ただ、事案にもよりますが、判決が確定するには起訴から2カ月以上かかり、控訴、上告と手続を行えば1年以上かかる場合もありますので、学校として1年以上処分を保留することが必ずしも適切でない場合もあります。

　そのため、早期の処分を望むのであれば、冒頭で述べたとおり、学生と面会を行い、事実関係の確認をして、事実を認めた場合にそれを踏まえて処分を決めるという方法もあるでしょう。

2　面会での注意点

　面会をする場合の注意点ですが、罪名のみならず具体的な事実関係を聴き取るようにしてください。具体的には、いつ、どこで、誰が、何を、どのようにしたかという点を時系列に沿って聴き取りを行ってください。

　また、面会においては、複数の人数で面会を行い、1人は記録を取ることに専念して、学生の言い分や事実を記録してください。

3　退学処分の可否

　次に、懲戒処分を下すとした場合に、退学処分を下すことができるかという問題についてですが、薬物は反社会的勢力の資金源になること、再犯率が高いことなどから薬物事犯に対する世論は厳しいものがあり、学生が違法薬物に手を出すことについての社会的影響は極めて大きいと言えます。現に、薬物事犯については、刑事事件として初犯であっても不起訴処分となることはまれで、そのほとんどが起訴されており、薬物事犯に対する社会の厳しい目を示していると言えます。

　学校としても薬物事犯に対して毅然とした姿勢を示すという教育的観点から見ても、退学処分を下すことはやむを得ず、相当性を欠くとは言えないでしょう。

　もっとも、退学処分は学生に対する極めて大きな不利益措置となるため、弁護士に確認するなど慎重な対応が必要です。

Q 029

18歳成年と在学契約上の留意点

令和4年4月1日より成年年齢が20歳から18歳に引き下げられました。今後は、高校3年生が在学中に成人することになりますが、どのようなことに留意する必要があるでしょうか。

A 029

法律上の取り扱いが変わる点と変わらない点を理解した上で、成人となる生徒に対し、成人としての自覚を促しつつ、いまだ成長過程にある存在として必要な支援を行いましょう。

解説

1 成年年齢の引き下げによって変わる点

(1) 単独で有効な契約を結べること

18歳の者は、親権者の同意がなくても、単独で有効に契約が結べるようになります。例えば、携帯電話を購入する、アパートを借りる、ローンを組む、クレジットカードを作成する等が、単独でできるようになりました。

これまでは、20歳未満の者が親権者（父母等）の同意を得ずに締結した契約は、後から取消すことが可能でした。しかし、18歳以上は父母等の親権に服さないので、今後は18歳に達した者が締結した契約を後から取消すことはできなくなりました。

そのため、18、19歳の消費者被害も懸念されており、在学中に正しい金融知識を身に付ける必要性が高まっています。

(2) 女性の婚姻開始年齢の引き上げ

これまで「男性18歳、女性16歳」だった婚姻開始年齢は「男女ともに18歳」

に統一されました。これにより、18歳以上の男女は、父母の同意がなくても結婚できるようになりました。

⑶　その他の変化

18歳以上の者は、日本国籍への帰化、有効期間10年のパスポート取得、公認会計士資格や医師免許の取得などもできるようになりました。

2　成年年齢の引き下げによって変わらない点

一方、喫煙、飲酒、競馬等ができる年齢は、引き続き20歳以上とされました。

3　少年法の改正

成年年齢の引き下げに伴い、少年法も一部改正されました。18、19歳の者は、引き続き「特定少年」として同法が適用されますが、一定の場合は実名報道が解禁されるなど、17歳以下の者とは若干異なる取り扱いがされています。これは、18、19歳の者はいまだ成長途上にあり、適切な教育、処遇により更生が期待できる半面、責任ある主体として社会に参加する立場になったため、立場に応じた取り扱いをするためとされています。

4　教育現場における留意点

文部科学省は「成年年齢に達した生徒に係る在学中の手続等に関する留意事項について（事務連絡）」を公表しています。これによれば、18歳の生徒は親権に服することがないため、高等学校等における退学、転学、留学及び休学について、「父母等の同意を必要とすることなく単独で校長の許可を得ることが……可能となる場合がある」としています。一方で、当該生徒が「いまだ成長の過程にあり、引き続き支援が必要な存在」であることを踏まえ「退学等に係る手続を行う際には、事前に学校、生徒及び父母等との間で話し合いの場を設けるなど、その父母等の理解を得ることが重要である」としています。

前記事務連絡は、その他授業料の徴収、生徒指導、保健指導等についても、父母に丁寧な説明をして理解を得る重要性を説いており、生徒が成年年齢に達した後も、父母を保護者に準じて扱うよう求めています。

Q
030

入試問題の公開と著作権

本学では、公表されている小説を題材にした入試問題を作成しています。合格発表後に、この入試問題を本学のウェブサイト上で公開することは、著作権を侵害しないでしょうか。

A
030

公表された著作物は入学試験の目的上必要と認められる限度において複製し又は公衆送信を行うことができます。ただし、ウェブサイトでの公開は、目的上必要と認められる限度を超えており、また、試験の問題として利用していないので、著作権を侵害する可能性が高いと言えます。

解説

1 試験問題としての複製等による例外

「著作物」である小説を複製又は公衆送信するためには、著作権者の許諾を得ることが原則です。もっとも、入試問題などに著作物を利用する際、事前に著作権者の許諾を必要とすると試験内容が外部に漏れ、試験の公正、円滑な実施を妨げる恐れがあること等[注1]から、著作権法36条1項本文は「公表された著作物については、入学試験その他…試験又は検定の目的上必要と認められる限度において、当該試験又は検定の問題として複製し、又は公衆送信…を行うことができる」と定めています。よって、公表された著作物を入試問題などの目的に必要な限度で複製等をする場合には、著作権者の許諾は不要です。

なお、従来の利用態様は「複製」のみでしたが、インターネットを利用した試験の普及から、平成15年法改正により、無許諾での利用態様に「公衆送信」

注1　半田正夫・松田政行編『著作権法コンメンタール2［第2版］〔26条～88条〕』302頁

も加わりました。

2　例外が許容される限度

　入試問題として利用する場合でも、「目的上必要と認められる限度」を超える場合や「当該著作物の種類及び用途並びに当該公衆送信の態様に照らし著作権者の利益を不当に害することとなる場合」は、無許諾の利用は禁止されます[注2]。

(1)　「目的上必要と認められる限度」

　　例えば、小説などの一部を試験問題とすれば足りる場合に、問題と無関係な箇所まで複製等をすることは「目的上必要と認められる限度」を超えることになります。

(2)　「試験又は検定の問題として」

　「試験又は検定の問題」とする以外の目的に利用する場合は除かれます。例えば、試験の実施者が試験問題集を出版する場合や学校説明会などで過去の入試問題をパンフレットや冊子に記載して配布する場合も、当該試験の問題として複製するものではないので、無許諾での利用は許されず、別途、著作権者の許諾が必要となります。

(3)　「著作権者の利益を不当に害することとなる場合」

　　公衆送信については「著作権者の利益を不当に害することとなる場合」も無許諾での利用が禁止されます。例えば、IDやパスワード等により受験者を限定することなく、不特定多数の者が容易に閲覧できるウェブサイトに試験問題として掲載するケースが挙げられます。

3　本事案の具体的検討

　本事案では、公表された小説を題材にして作成した入試問題をウェブサイトで公表することは学力判定という試験の「目的上必要と認められる限度」を超えており、また、「試験…の問題として」利用していないので、著作権者に無許諾で公表すれば、著作権を侵害する可能性が高いと言えます。

注2　同注1　307頁

Q
031

学校図書館でのCD/DVDの視聴・貸出と著作権

学校の図書館で、生徒又は教員に音楽CD又は映画の DVDを視聴させたり、貸し出したりすることは、著作権を侵害しないでしょうか。

A
031

音楽CDを含む公表された著作物は、非営利かつ無償の場合は、著作権者に無許諾で演奏・上映し、貸与することができるので、著作権侵害の問題は生じません。ただし、映画の著作物を無許諾で貸与することは著作権侵害となる可能性が高いと言えます。

解説

1　非営利・無償の演奏、上映等

　　音楽CD及び映画のDVDはいずれも「著作物」に該当しますので、「演奏」「上映」するためには、原則として、著作権者の許諾が必要です（著作権法22条、22条の2）。もっとも、同法38条1項は「公表された著作物は、営利を目的とせず、かつ、聴衆又は観衆から料金を受けない場合には、公に上演し、演奏し、上映し、又は口述することができる」と定めています。

　　よって、学校の図書館が、非営利かつ無償で、利用者に音楽CD及び映画のDVDを視聴させることは著作権者の許諾を得る必要がないので、著作権侵害の問題は生じません。

2　非営利・無償の貸与

　　前記の「演奏」「上映」だけでなく、「貸与」もまた著作権者が専有する権利であり、原則として著作権者の承諾なくしてこれを行うことはできません（同

法26条の3）。もっとも、同法38条4項は「公表された著作物（映画の著作物を除く。）は、営利を目的とせず、かつ、その複製物の貸与を受ける者から料金を受けない場合には、その複製物…の貸与により公衆に提供することができる」と定めています。

　よって、学校の図書館が、非営利かつ無償で音楽CDを貸与することは著作権者の許諾を得る必要がないので、著作権侵害の問題は生じません。なお、貸与を受けたCDを借主が学校外に持ち出すことや、私的使用を目的とする場合は、複製も可能です（同法30条1項）。

　ただし、同法38条4項は「映画の著作物」を除外しており、非営利かつ無償の貸与であっても、著作権者の許諾を得ないで、映画の著作物を貸与することは著作権侵害となりますので注意が必要です。

3　映画の著作物の取り扱い

　同法38条5項は、「公表された映画の著作物」[注1]の非営利・無償貸与は、政令で指定した「視聴覚教育施設その他の施設」が、著作権者に相当額の補償金を支払うことを条件としてのみ認めています。ただし、「視聴覚教育施設その他の施設」から学校附属図書館・図書室は除外されています。

　よって、本事案のような学校図書館は、公立・私立問わず「視聴覚教育施設その他の施設」には該当しないので、非営利・無償であっても、映画のDVDを無許諾で貸与した場合には、著作権侵害となります。

　なお、日本図書館協会などが権利者と協議し、上映あるいは貸し出しに関して権利処理されたDVD等が「著作権処理済」と称して販売されているので、学校図書館は、このような「著作権処理済」のDVD等を購入した場合には、著作権者の許諾を得たことになるので、貸し出すことができます[注2]。

注1　著作権法上の定義規定はないが、「映画の効果に類似する視覚的又は視聴覚的効果を生じさせる方法で表現され、かつ、物に固定されている著作物を含む」（同法2条3項）。よって、劇場用映画のDVD等に限られず、音楽コンサートのDVD等もこれに含まれる。

注2　国公私立大学図書館協力委員会・大学図書館著作権検討委員会「大学図書館における著作権問題Q&A（第9版、33頁参照）」

インターネットでダウンロードした画像等の教材使用

①教員が授業に使うため、補助教材にインターネットでダウンロードした画像を使うことは、著作権を侵害しないでしょうか。②校長が授業とは関係なくインターネットでダウンロードした画像を学習用DVDとして生徒全員に複製して配布することは可能でしょうか。

A
032

①の行為は、著作権法35条1項により、原則として著作権侵害の問題は生じませんが、②の行為は、同法同条項の要件を満たさず、著作権を侵害する可能性が高いため、著作権者の許諾を取得すべきです。

解説

1 複製権とは

著作権法21条は「著作者は、その著作物を複製する権利を専有する」と定めています。これを「複製権」といい、手書き、キーボード入力、印刷、写真、複写、録音、録画その他の方法により、既存の著作物の一部又は全部を有形的に再製することを指します。

インターネット上の図面、写真、動画などのデータも「著作物」(同法2条1項1号)の要件を満たせば保護されるので、著作権者に無断でダウンロードする行為は複製権の侵害に当たる可能性があります。

もっとも、同法35条1項は、「学校その他の教育機関(営利を目的として設置されているものを除く)において教育を担任する者及び授業を受ける者は、その授業の過程における利用に供することを目的とする場合には、その必要と認められる限度において、公表された著作物を複製…することができる。

ただし、当該著作物の種類及び用途並びに当該複製の部数及び…態様に照らし著作権者の利益を不当に害することとなる場合は、この限りでない」と定めています。つまり、本条項の要件を満たす教育目的の利用であれば、著作物の複製に著作権者の許諾は不要であり、著作権侵害の問題は生じません。

2　本事案の具体的検討

①は、学校において、担任の教員が授業に用いるため複製しているので、原則として、著作権者の許諾は不要です。もっとも、必要と認められる限度を超えた複製や、著作権者の利益を不当に害する場合は著作権侵害の問題が生じるので、注意を要します。「著作者の利益を不当に害する」場合については、「改正著作権法第35条運用指針（令和3年度版）」が著作物の種類と用途、複製の部数と態様に応じて、具体的に例示されています。

例えば、「複製の部数」という観点からは、「複製部数や公衆送信の受信者の数が、授業を担当する教員等及び当該授業の履修者等の数を超えるような場合」が挙げられています。また、「複製の態様」という観点からは、「教員等や児童・生徒が通常購入し、提供の契約をし、又は貸与を受けて利用する著作物について、購入等の代替となるような態様で、複製や公衆送信すること」が挙げられています。

よって、本事案でも、購入等が予定されている有償の画像などをコピーして配布したり、又は担任の教員と1クラスの生徒の人数の合計を超える部数をコピーしたりした場合などは、著作権侵害の問題が生じます。

他方、②の場合、前掲の指針によれば、「教育を担当する者」とは「授業を実際に行う人」と定められているため、校長が授業とは無関係に複製を行う場合は、「教育を担任する者」に該当しません。また、仮に授業と関連して複製するとしても、生徒全員分（授業を受けていない生徒含む）の複製は、前記した「複製部数や公衆送信の受信者の数が、授業を担当する教員等及び当該授業の履修者等の数を超えるような場合」に該当し、「著作権者の利益を不当に害する」ことになるので、著作権者に無断で複製する行為は、著作権を侵害する可能性が高いと言えます。この場合、学校は著作権者の許諾を得る必要があります。

Q
033

オンライン授業と著作権

新型コロナウイルスの感染拡大をきっかけに、オンラインで授業等を行う機会が増えましたが、教材等の著作物をインターネットで送信することは、著作権法上問題があるでしょうか。

A
033

教材等の著作物をインターネットで送信することは、著作権法上の「公衆送信」に当たります。学校における著作物の利用については、同法35条に定めがあり、同法同条に則って著作物を利用する必要があります。平成30年の改正により、著作権者の個別の許諾なく著作物を利用できる範囲が広がりましたが、補償金の支払いが必要となる場合もありますので、注意が必要です。

解説

1 学校における著作物の利用

著作権法は、学校その他の教育機関において教育を担任する者及び授業を受ける者（学校等）が、その授業の過程における利用に供することを目的とする場合は、必要と認められる限度において、公表された著作物の複製、公衆送信を認めています（同法35条1項本文）。

同法同条の要件を満たす場合、学校等は、個別に著作権者の許諾を得る必要はありませんが、著作物の利用が「著作権者の利益を不当に害することとなる場合」は、利用は許されません（同法35条1項但書）。

また、学校等が同法同条1項により公衆送信を行う場合、教育機関の設置

者（設置者）は、同法同条3項の場合を除いて、著作権者に相当な額の補償金を支払わなくてはならないとしています（同法35条2項）。

　なお、同法同条にいう「授業」には、通常の授業のほか部活動や生徒会活動も含まれますが、保護者会や職員会議、学校説明会は含まれません。授業の予習、復習は「授業の過程」に含まれます。

　また、「必要と認められる限度」とは、文字どおり授業にとって必要と認められる限度を指し、例えば、授業では直接使わない参考文献の全文を学内サーバーにアップロードすることは許されません（著作物の教育利用に関する関係者フォーラム「改正著作権法第35条運用指針」〈令和3年度版〉）。

　指針を参照しても分からない場合には、早めに弁護士に相談しましょう。

2　補償金の支払いはどのような場合に必要か

　「当該授業が行われる場所以外の場所において当該授業を同時に受ける者に対して公衆送信を行うとき」は、補償金の支払いは不要です（同法35条3項）。これは、対面授業を同時中継して他の会場に送信する場合（遠隔合同授業）を指します。

　しかし、これ以外の形態の公衆送信、例えば、オンデマンド授業で講義映像や資料を送信したり、対面授業の予習、復習のための資料をメールで送信したり、スタジオ型のリアルタイムの配信授業を行う場合は、補償金の支払いが必要です（同法35条2項）。

3　補償金の支払い方法

　補償金の支払いについては、授業目的公衆送信補償金制度の利用が有用です。平成31年に創設された一般社団法人授業目的公衆送信補償金等管理協会（SARTRAS）は、設置者から補償金を預かり、権利者等に分配します。

　この制度の利用により、教育機関の設置者は、ワンストップで補償金を支払うことができ、著作物の利用は格段に容易になりました。

Q
·········
034

文化祭のインターネット配信と著作権

本学（高校）では、文化祭で生徒達が行った演奏や演劇活動の様子を一般公開するため、本学のウェブサイト上に動画をアップロードすることを考えております。著作権法上問題はないでしょうか。

A
·········
034

公開対象や期間を限定せずにアップロードすることは公衆送信権（著作権法23条）侵害になるため、著作権者の許諾が必要となります。

解説

1 音楽演奏・演劇の公衆送信の意味

当該音楽や演劇も著作物（著作権法10条1項2号、3号）に該当しますので、これをウェブサイトにアップロードし、不特定多数の者が閲覧可能な状態にすることは公衆送信権（同法23条）侵害に該当します。

したがって、文化祭で生徒達が行った演奏や演劇活動を学校のウェブサイト上にアップロードすることは、公衆送信権侵害になるため、原則として著作権者の許諾が必要となります。

2 著作権法35条による例外

同法は、学校その他の教育機関において教育を担任する者及び授業を受ける者（以下、「学校等」）が、その授業の過程における使用に供することを目的とする場合は、必要と認められる限度において、公表された著作物の複製、公衆送信を認めています（同法35条1項）。同条の要件を満たす場合、学校等は、個別に著作権者の許諾を得る必要はありません。

3　本事例への当てはめ

　文化祭などの学校行事は、同法35条1項に定める「授業」に含まれますが、これを一般公開する目的でウェブサイトにアップロードすることは、ライブ配信かオンデマンド配信かに関わらず、「必要と認められる限度」を超えたものと認定される可能性があります。

　もっとも、令和3年11月9日の著作物の教育利用に関する関係者フォーラム「改正著作権法第35条運用指針（令和3年度版）特別活動追補版」では、「著作物を利用した特別活動の保護者等へのインターネット配信の考え方」と題する項目において、「保護者、協力者等（来賓として招待する者や特別活動の準備で協力した地域ボランティア等）に限定して、特別活動をインターネット配信等することは、教育の情報化の一環であり、教育の情報化に対する保護者や地域社会の理解と協力体制の構築につながることが期待される」などと記載し、一定の範囲内での学外への公開が教育効果や地域連携に有用であることを指摘しています。

　このような観点から、前記文書では、公開の対象を「保護者、協力者等」に限定することで「必要と認められる限度内」とすることを認めています。オンデマンド配信の場合は、これに加えて、①視聴期間をあらかじめ設定すること、②視聴期間終了後にコンテンツを直ちに抹消・破棄すること、③配信を受ける保護者等が私的複製目的の範囲を超えてコンテンツを拡散、転送しないよう教育機関側から十分な説明を行った上で、保護者等から同意を得ておくこと、などを条件として加えることで、同法35条による処理を可能としています。

4　補償金の支払いについて（著作権法35条2項）

　前記の点に注意しながら、同法35条1項の要件を満たしたとしても、「公衆送信」については別途補償金の支払いが必要です（同法35条2項）。補償金についてはQ033を参照してください。

A
035

論文に著作権が発生する場合には、作成者の承諾がなければ、閲覧・謄写させることはできません。論文提出の際に同時に承諾書を提出させるなど、事前に作成者の承諾を得る工夫が必要です。

解説

1 学生の論文にも著作権が発生する

著作物とは、「思想又は感情を創作的に表現したものであつて、文芸、学術、美術又は音楽の範囲に属するもの」（著作権法2条1項1号）を言います。したがって、大学院生が作成した修士論文も、この要件を満たせば著作物に当たると言え、大学院生に著作権が発生します。

そして、同法は、国会図書館、公共図書館、大学・高等専門学校の図書館など政令で定める図書館においては、利用者の調査研究の用に供するため、公表された著作物の一部分を複製することができるとしています（同法31条1項1号）。ここで、公表とは、著作物を公衆に提供し、又は提示することを指し、未公表の著作物を公表するか否かは、著作権者の意思に委ねられています（同法18条1項）。

修士論文は、論文を提出した時点では、ほとんどの場合、未公表（同法4条1項）の状況にありますから、修士論文を図書館で閲覧させたり、謄写さ

せたりするためには、著作権者たる大学院生の承諾が必要となります。もし、この承諾がないまま、図書館で論文を閲覧させたり、又は複製させたりすると、同法上の公表権、あるいは複製権の侵害に当たり、公表を差し止められたり、損害賠償を請求されたりする可能性があります。

2　承諾はどのように取るべきか

　修士論文等を図書館内で公表することは、後輩たる学生の論文作成の大きな助けになりますから、大学としては、著作権者たる大学院生から、きちんと公表についての承諾を得たいところです。効率的に承諾を得る方法としては、論文の提出と同時に、著作物の公表についての承諾書を提出させる方法が考えられます。できれば、この時、公表だけでなく、著作物全体の謄写についても承諾を得ると、後のトラブルを回避できます。この場合、あらかじめ、論文の募集要項に、「提出された論文は、審査後、図書館において公表し、必要に応じて、謄写をすることがある」と明記しておけば、承諾書の提出も求めやすいですし、論文の提出用の書式に、あらかじめ、承諾文言を入れるという方法もあります。

　なお、仮に承諾書の提出がなされなかった場合でも、修士論文の募集要項上、図書館での公表や謄写が明示されているようであれば、大学院生は、これに応じて修士論文を提出した以上、公表や謄写を承諾していたと考えることも可能です。

3　既に提出されている論文について

　では、提出済みの修士論文についてはどうでしょうか。前記のとおり、修士論文に著作権が発生している場合には、承諾がなければ、図書館での公表はできませんので、著作権者たる大学院生が、公表の中止を求めてきた場合は、公表をやめなければなりません。もっとも、前記のとおり、募集要項で公表や謄写を告知している場合は、著作権者の承諾が推定できますので、公表を中止する前に、これらの文書をもう一度確認されることをお勧めします。

Q
036

令和2年個人情報保護法改正

令和2年改正個人情報保護法が、令和4年4月1日から施行されたと聞きました。学校の実務においては、どのような影響があるでしょうか。

A
036

学校実務との関係で特に重要なのは、①個人の権利の在り方、②事業者の守るべき責務の在り方に関する改正です。

解説

1 個人の権利の在り方

(1) 開示方法

これまで、保有個人データの本人への開示は、書面の交付が原則でしたが、改正により、電磁的記録の提供を含め、本人が指示できるようになりました(個人情報の保護に関する法律〈個人情報保護法〉33条1項)。個人データの第三者提供記録も開示請求の対象となり、開示方法も同様に本人の指示によることになりました(同法同条5項)。

(2) 保有個人データの利用停止、消去等の請求

保有個人データの利用停止、消去、第三者提供の停止の請求は、改正により、個人情報の不正取得等に加え、個人データを利用する必要がなくなった場合、個人データの漏えい等が発生した場合、本人の権利又は正当な利益が害される恐れがある場合にも可能となりました(同法35条5項)。例えば、不合格となった受験者の情報については、追加合格への対応等のための合理的期間が経過した後は、利用停止等の請求が認められる可能性があるので、注意してください。

⑶　短期保存データ

　これまで、6カ月以内に消去する個人データは、開示や利用停止等の請求の対象外でしたが、改正により、その対象となりました。利用する必要がなくなったときは、開示等に伴う事務負担軽減の観点からも、遅滞なく消去することが求められます。

　また、不正取得された個人データやオプトアウト規定により提供された個人データがオプトアウト規定による第三者提供の対象外となった（同法27条2項但書）ので、注意してください。

2　事業者の守るべき責務の在り方

⑴　漏えい等の報告等の義務化

　個人情報取扱事業者は、個人の権利利益を害する恐れが大きい要配慮個人情報の漏えいや個人データに係る本人の数が1000人を超える漏えい等、所定の事案が発生し、又は発生した恐れのある場合は、個人情報保護委員会の定めるところにより、同委員会への報告と本人への通知が義務化されました（同法26条、同法施行規則7条、8条）。例えば、生徒の健康診断等の結果を含む個人データが漏えいした場合は、それを知ってから速やかに（おおむね3日から5日以内）、その時点で把握している内容を同委員会に報告（速報）するとともに、30日以内にすべての報告事項を報告（確報）し、さらに、当該事態の状況に応じて速やかに本人に通知する必要があります。

⑵　個人情報の不適正な利用の禁止

　改正により、個人情報の不適正な取得（同法20条）に加え、違法又は不当な行為を助長し、又は誘発する恐れのある方法により個人情報を利用することが禁止されました（同法19条）。例えば、採用選考を通じて得た個人情報を違法な差別的取り扱いを行うために利用することはできません。違反した場合、本人は、保有個人データの利用停止・消去の請求をすることができます（同法35条1項）。

　他にも、個人情報の合理的な利活用のため仮名加工情報が創設されたり（同法41条1項、9項）、個人関連情報の第三者提供を制限（同法31条1項）するなどの改正が行われています。これらの改正にも注意してください。

Q 037 令和3年個人情報保護法改正

令和2年個人情報保護法改正に続いて、令和3年にも個人情報保護法が改正されたと聞きました。学校の実務においてはどのような影響があるでしょうか。

A 037 国立大学と私立大学での共同プロジェクトや、欧州連合（EU）の大学との共同研究などが行いやすくなることが期待されています。

解説

1 法の形式及び所管の一元化

令和3年個人情報の保護に関する法律（個人情報保護法）改正により、個人情報保護法、行政機関個人情報保護法、独立行政法人等個人情報保護法の三つの法律が1本の法律に統合され、全体の所管が個人情報保護委員会に一元化されました。

2 医療分野・学術分野における規制の統一

従来は、同種の業務にもかかわらず、その法人が公的部門（例えば、国立大学）か民間部門（例えば、私立大学）かにより、適用される法律が異なっていました。

令和3年改正により、原則として民間部門の規律に一本化されたため、公的部門と民間部門の共同プロジェクトが行いやすくなりました。

3 学術研究分野の精緻化

改正前の同法は、学術研究機関等が学術研究目的で個人情報を取り扱う場

合を一律に同法の適用から除外していました（旧同法76条1項3号）。これに対し、EUのデータ保護規則（GDPR）は、個人データの第三国提供を原則禁止しており、十分な個人データの保護のレベルを提供している国であるという決定（十分性認定）を受ければ、この規制の例外として個人データを当該第三国に提供することができます。

日本は、平成31年1月23日に十分性認定を受けていますが、学術研究機関等が学術研究目的で個人情報を取り扱う場合を一律に同法の適用から除外していたために、この規定が適用される学術研究機関等が十分性認定の対象外とされていました。

そのため、日本の研究機関がEUの研究機関との共同学術研究を行う場合等に支障となることがありました。

そこで、令和3年改正により、GDPRの十分性認定に対応するため、一律の適用除外が見直されました。具体的には、民間部門の学術研究機関にも同法の規律（安全管理措置／同法23条、本人からの開示等請求への対応／同法33条等）が適用されることとなりました。

なお、学術研究を行う独立行政法人等や地方公共団体の機関、地方独立行政法人についても、原則として民間学術研究機関等と同様の規律が適用されます。

ただし、学術研究目的で個人情報を取り扱う場合には①利用目的による制限（同法18条）、②要配慮個人情報の取得制限（同法20条2項）、③個人データの第三者提供の制限（同法27条）など、研究データの利用や流通を直接制約し得る義務については、個人の権利利益を不当に侵害する恐れがある場合を除き、適用を除外する規定を置いています。

このように、令和3年改正により、個人情報に関するルールが統合されたため、国立大学と私立大学の共同プロジェクトが、また、学術研究分野の精緻化により、EUの研究機関との共同学術研究などが行いやすくなることが期待されています。

Q 038 学生の個人情報の第三者への提供

当大学では、OB・OG訪問の受け入れ先企業に対し、訪問する予定の在学生の個人情報を提供していますが、個人情報保護法に違反しないでしょうか。

A 038 個人情報保護法に違反する恐れがあります。実務上は、入学後に第三者に提供することが予定されている個人情報については、あらかじめ入学時に全学生から書面により同意を得ることが望ましいです。

解説

1 個人情報を第三者に提供するためには

個人情報とは、「生存する個人に関する情報であって」、「当該情報に含まれる氏名、生年月日その他の記述等…により特定の個人を識別することができるもの」(個人情報の保護に関する法律〈個人情報保護法〉2条1項1号)及び「個人識別符号が含まれるもの」(同法同条同項2号)[注1]と定義されており、個人情報を第三者に提供するためには、原則として、あらかじめ本人の同意を得なければなりません(同法27条1項柱書)。未成年者の場合は本人及び親権者双方の同意を得ることが望ましいです(生徒が18歳成人の場合は、Q029参照)。

ただし、以下に述べる「オプトアウト」の要件を満たせば、本人の同意を得ないで個人情報を第三者に提供することができる場合があります。

2 オプトアウトとは

「オプトアウト」とは、個人情報取扱事業者が、あらかじめ、以下①〜⑧の

注1　例として、DNAの塩基配列、指紋、パスポート番号、マイナンバーなどが挙げられます。

情報を、本人に通知し、又は本人が容易に知り得る状態^{注2}に置いておくとともに、本人の求めに応じて第三者への提供を停止する場合に、本人の同意を得ないで個人データを第三者に提供できる制度を指します（同法27条2項）。ただし、以下①～⑧の事項は、個人情報保護委員会への届出及び届出事項の公表が義務化されており（同法27条2項、4項）、病歴、犯罪歴などの「要配慮個人情報」、不正取得された個人データ及び他の個人情報取扱事業者からオプトアウト規定により提供された個人データについてはオプトアウトが禁止されていることに注意を要します（同法27条2項但書）。

　①第三者への提供を行う個人情報取扱事業者の氏名又は名称及び住所（並びに法人の場合、その代表者の氏名）、②第三者への提供を利用目的とすること、③第三者に提供される個人データの項目、④第三者に提供される個人データの取得の方法、⑤第三者への提供の方法、⑥本人の求めに応じて当該本人が識別される個人データの第三者への提供を停止すること、⑦本人の求めを受け付ける方法、⑧その他個人の権利利益を保護するために必要なものとして個人情報保護委員会規則で定める事項

3　個人データ提供時の記録義務

　個人データを第三者に提供する際には、その個人データを提供した年月日や提供先の氏名などの一定の事項に関する記録を作成して、これを一定期間（通常は3年間）保存する義務があります（同法29条1項、2項）。

4　本事案の具体的検討

　本事案でも、オプトアウトによる方法が考えられますが、実際に個人情報保護委員会へ届出を行った上で、適用範囲が限られているオプトアウトを利用する学校は本稿執筆時点で確認できません。そこで、実務上は、入学後に第三者に提供することが予定されている個人情報は、あらかじめ入学時に全学生から書面により同意を得ておくことが望ましいです。

注2　例として、ウェブサイトへの掲載、事務所の窓口の掲示、新聞・官報への掲載などが挙げられます。

Q 039 学生から個人情報の削除要請を受けた際の対応

学生が卒業するに当たり、大学が保管している当該学生の個人情報を、卒業後、速やかに削除するようにとの要請がありました。この要請に応じる必要がありますか。

A 039

明示した個人情報の利用目的のすべてが達成された場合などを除き、当該学生からの削除要請には応じる必要はありません。

解説

1 個人情報取扱事業者の義務

個人情報の保護に関する法律（個人情報保護法）上、個人情報（定義はQ038参照）を含む情報の集合物であって、①特定の個人情報を電子計算機を用いて検索することができるように体系的に構成したもの（例：教職員や児童生徒・学生の個人情報データベース、氏名等と容易に照合できるIDや学籍番号等によって整理・保管されているログ情報等）、②特定の個人情報を容易に検索することができるように体系的に構成したものとして政令で定めるもの（例：五十音順や学籍番号順に整理した紙媒体の教職員や児童生徒・学生の名簿）を「個人情報データベース等」と言い（同法16条1項）、それらを事業の用に供している者を「個人情報取扱事業者」と言います（同法同条2項）。

大学は通常、教職員や学生の個人情報データベースを作成し、それを大学運営の用に供していますので、個人情報取扱事業者に該当します。

そして、個人情報取扱事業者は、保有する情報が事実ではないことを理由として訂正や削除を求められた場合に、調査等を行い、事実ではないことが判明した場合には情報の訂正や削除を行う義務を負います（同法34条2項）。

また、個人情報取扱事業者は、保有個人データを利用する必要がなくなった場合、漏えい等が生じた場合その他本人の権利利益が害される恐れがある場合に、本人から訂正や削除を請求された際には、保有個人データの利用停止・消去又は第三者への提供の停止をする義務を負います（同法35条5項）。

したがって、本事案でも、明示した利用目的のすべてが達成された場合や本人の権利利益が害される恐れがある場合を除き、学生からの個人情報の削除要請に応じる必要はありません。

2　卒業した学生・退職した教職員の個人情報の取り扱い

もっとも、卒業した学生や退職した教職員の個人情報を保有し続けた場合、それらの個人情報についても、個人情報取扱事業者としての義務を負い続けることになりますし、情報流出・漏えい事故等のリスクもあります。そこで、卒業した学生や退職した教職員の個人情報の取り扱いに関するルールを設け、個人情報を取得する段階で、当該個人情報の保有期間や保有期間経過後の消去方法等を明確にしておくことが望ましいと言えます。

3　文部科学省ガイドラインにおける利用目的の　　特定に関する義務

「文部科学省所管事業分野における個人情報保護に関するガイドライン」（現在は廃止されていますが、考え方自体は参考になります）では、個人情報を取り扱うに当たっては、その利用目的をできる限り具体的に特定しなければならないとされています。

例えば、学生による授業評価アンケート等の実施に当たっては、アンケート用紙に「このアンケートは、来年度におけるＡの授業の教育方法を検討する際の参考とするために行います」といったように趣旨目的を記載する必要があり、「このアンケートは、本学の教育の改革に役立てるために実施します」のように抽象的に使途を記載するだけでは、利用目的を具体的に特定したとは言えないとされています。

Q 040 学校のウェブサイトに生徒の個人情報を掲載する際の留意点

本学（高校）のウェブサイトに、全国大会に出場する生徒の氏名及び顔写真を掲載することを検討していますが、個人情報保護法上、どのような点に留意すべきでしょうか。

A 040 本人及び保護者に対し、掲載する目的・内容を事前に連絡し、その同意を得ることが必要です。

解説

1 保護の対象となる個人情報

個人情報の保護に関する法律（個人情報保護法）は、「個人情報」を、①生存する個人に関する情報であって、②当該情報に含まれる氏名、生年月日その他の記述などによって特定の個人を識別できるもの（他の情報と容易に照合することができ、それによって特定の個人を識別できるものを含む）、又は、③個人識別符号が含まれるものと定義しています（同法2条1項）。すなわち、個人情報該当性は、特定の個人を識別することができるか（＝生存する具体的な人物と情報との間に同一性を認めることができるか）がポイントとなり、当該情報のみならず、他の情報と容易に照合することで、特定の個人を識別できる場合も個人情報となります。

本事案では、生徒の氏名及び顔写真は、それ自体で特定の個人を識別することが可能となるため、個人情報に該当します。また、本事案では対象となっていませんが、学籍番号も、氏名、住所等の個人情報と関連させて管理している場合には、学校においてこれらの情報と容易に照合することで、特定の個人を識別できるため、個人情報に該当します。

2　学校が負う義務

　私立学校は、同法上の個人情報取扱事業者（同法16条2項）に該当するため、同法が適用されることとなります。

　よって、学校は、ウェブサイトに生徒の氏名及び顔写真を掲載するに当たり、本人及び保護者に対し、掲載する目的・内容を事前に通知し（同法17条、21条）、第三者である閲覧者への個人データの提供として、本人の同意を得ること（同法27条）が必要となります。

　本人の同意につき、「個人情報の保護に関する法律についてのガイドライン（通則編）」（令和4年9月一部改正）では、個人情報の取り扱いに関して同意したことによって生ずる結果について、未成年者が判断できる能力を有していないなどの場合には、親権者や法定代理人等から同意を得る必要があるとされていますが、かかる能力の有無は個別事情によるため、実務上は、未成年者本人及び保護者の双方から同意を得ることが望ましいです（生徒が18歳成人の場合は、Q029参照）。

　利用目的・内容の事前通知及び第三者提供の同意を得るに当たっては、後の紛争予防のためにも、入学時に可能性があるすべての利用目的等を網羅的に列挙し、これに対する同意を書面により得ておくとよいでしょう。

　公立学校には、これまで、各地方公共団体が策定する個人情報保護条例が適用されていましたが、令和3年改正個人情報保護法により、個人情報保護条例は同法に統合されることとなりました。今後は、公立学校も同法の適用を受けることとなりますので、同法の確認が求められます（令和3年個人情報保護法改正については、Q037参照）。

　なお、顔写真をウェブサイト上に掲載するに当たっては、同法上の義務とは別に、肖像権・プライバシー権の問題が生じますので（詳細はQ041参照）、これらの観点からも、本人及び保護者の同意が必要となることにご留意ください。

学校のパンフレットに学生の写真を掲載する際の留意点

本学のパンフレットに、在学生の写真を掲載する予定ですが、注意点はありますか。卒業生である芸能人、スポーツ選手など有名人の学生時代の写真を掲載する場合はどうですか。

在学生の写真を用いる場合、その学生の肖像権を侵害しないよう、本人の同意を得る必要があります。卒業生の有名人の写真を用いる場合は、肖像権に加え、その有名人のパブリシティ権を侵害しないよう、本人の同意を得る必要があります。

解説

1　肖像権とは

肖像権とは、自己の肖像をみだりに利用されない権利です。最高裁平成17年11月10日判決は、「人は、みだりに自己の容ぼう等を撮影されないことについて法律上保護すべき人格的利益」及び「自己の容ぼう等を撮影された写真をみだりに公表されない人格的利益」を有すると判示しており、同判例は、肖像権を法律上保護される権利として認めたものと解されています。

肖像権には、プライバシー権とパブリシティ権の2種類があるとされ、プライバシー権とは、自らの望まない肖像利用を拒否できる権利（人格権）を、パブリシティ権とは、自らの肖像利用に対して対価を要求できる権利（財産権）を言います。

以下では、両者の区別のため、プライバシー権を「肖像権」と言います。

2　写真利用の際の注意点

　本事案前段では、学生の肖像権を侵害しないよう、後段では、卒業生の肖像権に加え、パブリシティ権を侵害しないよう注意が必要です。

　前記判例は、「ある者の容ぼう等をその承諾なく撮影する」場合で、「被撮影者の人格的利益の侵害が社会生活上受忍の限度を超えるものといえる」場合に肖像権侵害が認められるとしています。よって、肖像権を侵害しないためには、学生本人から肖像の利用目的等を記載した同意書を取得し、肖像利用に対する同意を得ることが必要です[注1]。

　ここで注意すべきは、肖像権の問題は、顔写真を用いる場合に限られないという点です。例えば、前記判例は、「容ぼう等を描写したイラスト画」に肖像権侵害を認めています。

　また、肖像権侵害の判断に際し、被写体の顔や姿態等から、知人が見てその人だと判別できるか否かを考慮する考え方もあります[注2]。

　本事案でも、在学生・卒業生の知人（例えば、友人や親族等）が見てその者と判別できるような写真を用いる場合には、顔写真でなくとも肖像権の問題が生じますので注意が必要です。

3　肖像権侵害の効果

　肖像権侵害は、民法709条の不法行為として、精神的苦痛に対する慰謝料について損害賠償責任の対象となります。

　パブリシティ権侵害にも該当する場合、精神的苦痛に対する慰謝料に加え、財産的損害についても賠償責任が生じます。

注1　令和4年4月1日より成年年齢が18歳となりましたので、大学生は原則、父母の同意は不要です。詳細はQ029（18歳成人）参照。

注2　デジタルアーカイブ学会「肖像権ガイドライン〜自主的な公開判断の指針〜（2023年4月補訂）」9頁

Q 042　インターネット上の無断動画投稿への対応

文化祭の生徒の様子が、インターネット上の動画投稿サイトに無断で投稿されていることが分かりました。学校としては、どのように対処したらよいでしょうか。

A 042

動画を無断で投稿された本人は、サイト管理者や投稿者に対し、損害賠償（慰謝料）請求、削除請求をすることが可能であり、学校としては、原則として、本人や保護者への情報提供、助言にとどめることとなります。ただし、投稿された内容が、学校に対する名誉毀損又は業務妨害等となる場合は、学校として、同様に削除請求や損害賠償請求をできる可能性があります。

解説

1　削除請求

　生徒は、自らの写真や動画を無断でインターネット上に投稿されないことについて、肖像権ないしプライバシー権により法的に保護された利益を有しており（詳細はQ040、Q041参照）、動画等がインターネット上に掲載されている限り、これらに対する権利侵害の状態が継続すると言え、投稿された本人は、人格権に基づく妨害排除請求として、投稿サイトの管理者に対し、動画等の削除を請求できます。

　判例でも、芸能人が専属契約終了後、元所属先の事務所に対し、ウェブサイトに掲載された画像等の削除を請求したところ、「肖像権等を現に侵害するもの」と認められ、同請求が認容された事例（東京地裁平成24年3月14日判決）

があります。

　他方、学校は人格権を侵害されているわけではないため、直ちに法的請求をできるわけではなく、学校の対応としては、本人や保護者に対する情報提供や助言にとどめることが原則となります。しかし、投稿内容が学校を誹謗中傷し、社会的評価を低下させる場合には、学校が主体として、サイト管理者に対し、同様に削除請求をすることができます。

　具体的には、まずは、サイト上の申請フォーム等を利用し、サイト管理者に対して任意の削除を求めることが考えられます。近年、専用フォームや窓口を設置しているサイトも増えており、これを利用することが最も簡便です。それでも削除されない場合には、裁判所に対し、削除を求める仮処分を申し立てることとなります（詳細はQ086参照）。

2　損害賠償請求

　また、生徒は、投稿者に対し、肖像権ないしプライバシー権の侵害を理由として、不法行為（民法709条）に基づく損害賠償請求をすることも可能です。この場合も、学校の対応としては、原則として、本人や保護者に対する情報提供や助言にとどめ、投稿内容が学校を誹謗中傷し、社会的評価を低下させるようなものである場合に、学校が主体となって損害賠償の請求が可能となる点は、前記1と同様です。

　もっとも、インターネット上の投稿は匿名のケースが多いため、損害賠償請求をするには投稿者の特定が必要です。その方法としては、発信者情報開示命令の申し立てという非訟手続があります。これは、令和4年10月1日に施行された、改正プロバイダ責任制限法[注1]により新設された裁判手続です。従来、発信者の特定には二つの裁判手続が必要でしたが、発信者情報開示命令の申し立ての新設により、これを一つの裁判手続で行うことが可能となり、より簡易迅速に情報開示を求めることができるようになりました（詳細はQ010、Q086参照）。

注1　プロバイダ責任制限法＝特定電気通信役務提供者の損害賠償責任の制限及び発信者情報の開示に関する法律

Q 043 個人情報を対象とした弁護士会照会への対応

学校の卒業生について、在学していたことがあるか否か、弁護士会から照会書が届きました。当該卒業生の個人情報に関する内容ですが、照会に応じて報告しても法律的に問題は生じないでしょうか。

A 043

弁護士会照会に対し、照会先はこれに応じて報告する法的義務があるので、この義務に基づいて報告することは、原則として問題ありません。ただし、報告を拒否すべき正当な理由があるときは、照会先は報告義務を負いません。それにもかかわらず報告した場合は、報告したことがプライバシー権の侵害等に該当し損害賠償責任を負う可能性があるので、照会を受けたときは、慎重な判断が必要です。

解説

1　弁護士会照会とは

　弁護士会照会（以下「照会」）は、弁護士会が公務所又は公私の団体（以下「団体等」）に対して「必要な事項の報告を求めることができる」制度です（弁護士法23条の2第2項）。同法は報告義務を明示していないものの、判例や通説はこれを肯定しており、東京高裁平成22年9月29日判決は、「23条照会を受けた者は、報告を求められた事項について、照会した弁護士会に対し23条報告をする公法上の義務を負う」としています。したがって、照会に応じた報告は、原則として「法令に基づく場合」（個人情報の保護に関する法律〈個人情報保護法〉27条1項1号）に該当し、報告事項に個人情報が含まれるとしても、本

人の同意を得る必要はありません。

2 照会の回答義務の範囲

もっとも、前記判例は、照会を受けた者が報告を拒絶すべき「正当な理由」を有するときは、報告を拒絶することが許されるとしています。これは、照会に応じた報告が、他の利益又は法益、例えば個人の名誉やプライバシー、公務員等の秘密保持義務、捜査の密行性等を侵害する可能性があるためです[注1]。債権者が強制執行の準備のため、債務者の転居届の有無、届出年月日、転送先、転居届の筆跡、本人確認の方法など5つの事項について郵便事業株式会社（当時）に照会を求めた事案では、照会に対する報告義務と郵便法上の守秘義務との優劣を判断し、前3者については実質的な秘密性は低いとして報告義務が優越するが、後2者は前3者に比し秘密性が高く守秘義務が優先するとし、報告拒絶の正当な理由があると判示しました（前出東京高裁）。

3 注意すべき点

前記のとおり、照会に応じた団体等の報告が第三者の利益・法益を侵害する場合、団体等が不法行為に基づく損害賠償責任を負う可能性があります。京都市が、照会申出書に照会を要する理由が十分に記載されていないのに、漫然と前科・犯罪歴のすべてを報告した事例では、公権力の違法な行使に当たるとして損害賠償を命じられ（最高裁昭和56年4月14日判決）、税理士が弁護士会照会に応じて依頼者の確定申告書等の写しを提供した事例でも、守秘義務に違反するとして損害賠償を命じられています（大阪高裁平成26年8月28日判決）。

本事案は、在学していたことがあるか否かを問うもので、原則として照会に応じて報告することは問題ありませんが、照会を求める情報が前科などプライバシー保護の要請が特に強い場合や、照会申出書の記載から、明らかに必要性、関連性に乏しいと認められる場合には、報告義務を負わない場合もあります。判断が難しい場合は、弁護士に相談することをお勧めします。

注1 日本弁護士連合会調査室 編著『条解弁護士法第5版』186頁

Q
044

保護者からのクレームへの対応

ある生徒の保護者から、「娘が部活動の顧問の落ち度で大けがをして学校に行けなくなった。学校が治療費を負担しろ」という連絡がありました。どう対応すればよいでしょうか。

A
044

クレーム対応の基本は、①聴き取り、②事実の調査・確認、③方針の決定、④回答、⑤外部対応です。本事案でも、まずは保護者の話をよく聴き取った上で、顧問の教員に落ち度があったか否か、事実関係を確認してから方針を決定する必要があります。

解説

1 クレーム対応の基本プロセス

クレーム対応の基本プロセスは、①聴き取り、②事実の調査・確認、③方針の決定、④回答、⑤（回答で事態が収束しない場合の）外部対応です（④⑤についてはQ045参照）。

児童生徒・学生の保護者や近隣住民などからの通常のクレームも、いわゆる「モンスターペアレント」からの悪質クレームも、基本的にはこの5段階のプロセスに従って対応していけば、クレームが泥沼化するリスクを最小化することができるはずです。このプロセスを実践する際の注意点としては、①常にどの段階にいるのかを意識し、その段階ですべきことを徹底して行うこと、②対応窓口は一本化し、担当者任せにはせずに組織的に対応・判断すること（情報共有の徹底）、③すべての段階を通じて、相手方への対応は努めて真摯かつ丁寧に行うことなどが挙げられます。

まず、①聴き取りの段階では、クレームの内容、被害・損害の内容・程度、

資料・根拠の有無、要望等を聴取します。時系列や5W1Hを意識して聴き取りを行い、必ず聴取メモを作成します。正確に聴取メモを作成するためにも、聴き取りは複数人で行う必要があります。この段階では、相手方の主張・要望の妥当性を検討したり、反論や回答をしたりする必要はありません。聴き取った内容は、書面にまとめて記録化し、情報を共有することをルール化しましょう。この記録には事実を記載し、聴取者の印象や感想は記載しません。面談の際、相手方が粗暴な言動を取ることが予想される場合には、録音・録画も検討してください。面談の場で回答することを求められないよう、面談には、決定権者を同席させないようにすることも重要です。

　次に、②事実の調査・確認の段階では、クレームの対象となっている人や物、場所の調査・確認を行い、その結果を書面に記録化します。事実の調査・確認をしっかり行わないと、議論がかみ合わず、よい対応方針も出ませんし、後に新たな事実が判明して方針が二転三転し、泥沼化する危険性もあります。また、仮に学校側に問題があった場合に再発防止策を講じることもできませんので、このプロセスは極めて重要です。どのような事実があったかの認定は証拠に基づいて客観的に行う必要がありますが、当事者の言い分が食い違っている場合など、事実認定に迷う場合には、弁護士などの専門家に助言を求めるとよいでしょう。

　③方針の決定では、②で調査・確認した事実関係を基に、組織として、回答や対応方法などを検討します。この時に検討するのは、法的責任の有無及び範囲です。仮に学校側に何らかのミスがあったとしても、相手方に損害が発生していない場合や、学校側のミスと相手方に発生した損害に因果関係がない場合には、学校側に法的責任はありませんので、原則として相手方の要求を拒絶することになります。

2　本事案における具体的な対応方法

　まずは生徒の保護者から話をよく聴き取った上で、顧問の教員やその生徒、同じ部活動の他の生徒からも話を聴き、部活動での指導内容や当時の監督状況、その生徒の行動など、顧問の教員に落ち度があったか否か、事実関係を確認してから、治療費の負担に応じるか等、方針を決定する必要があります。

Q
045
クレームに対応した後も電話等が続く場合の対応

Q044の事案で、顧問の教員に落ち度がなかったことが判明したため、書面でその旨を回答しましたが、保護者は納得せず、学校に長時間電話をしてきて、暴言を吐くこともあります。どう対応すればよいでしょうか。

A
045
回答後に再度連絡があっても、「回答は○月○日付書面のとおりで変更はない」という対応をすれば十分ですが、長時間電話をかけてきたり、暴言等が続く場合は、弁護士など外部に対応を委ね、対応窓口を移すことを検討しましょう。

解説

1 回答後の外部対応

　クレーム対応の基本プロセスは、①聴き取り、②事実の調査・確認、③方針の決定、④回答、⑤（回答で事態が収束しない場合の）外部対応です（詳細はQ044参照）。③の段階で方針を決定したら、④の段階では決定された内容・方法で回答すればよく、ここで担当者が悩む必要はありません。回答の際は、相手方の納得を目指して説明を行い、納得が得られれば、合意書等の書面を作成して合意内容を明確化し、後日、紛争が蒸し返されることを防止します。

　仮に納得が得られない場合でも、質的・量的に通常要求されるレベルの説明を尽くしていれば、学校としてすべきことは行ったと判断して対応を終了します。回答は、書面を送付して行うことが望ましく、書面を送付しておけば、その後、再連絡があった場合でも、「回答は○月○日付書面のとおりで結論に変更はありません。これ以上対応はできません」という対応ができます。一方で、④の段階で回答し、学校として対応を終了したにもかかわらず、相

手方が継続的に電話をかけてきたり、面談を求めてきたりする場合があります。業務に支障がない場合には、「○月○日付書面のとおり」という対応で処理できますが、多数回・長時間の架電・面談などの業務妨害行為や、脅迫的な言動や暴力などの犯罪行為がある場合は、弁護士への委任や警察への相談といった⑤の段階の外部対応が必要になります。

　弁護士に対応を委任した場合、対応窓口を学校から弁護士に移し、まずは相手方に対して弁護士名の書面で警告を行うことが一般的です。それでもクレームがやまない場合、長時間の架電や面談強要の事案であれば、架電禁止・面談強要禁止の仮処分、損害賠償を執拗に請求されている事案であれば、債務不存在確認請求訴訟という法的手段を取ることが考えられます。また、脅迫的な言動や暴力などがある事案であれば、警察への告訴・告発を行うことも考えられます。児童生徒・学生の保護者に対して法的措置を取ることは簡単な決断ではないかもしれませんが、悪質なクレーム（要求内容又は要求方法が社会的相当性を逸脱したクレーム）に対しては毅然と対応し、学校の秩序や教職員、他の児童生徒・学生を守ることも重要です。

　法的措置を取る場合、面談の記録や電話の録音などで相手方の言動を証拠化しておくことが重要です。万一の場合に備えて、電話でのクレーム対応は録音機能が付いた電話で行うなど、学校としてルールを設け、クレーム対応の記録を残しておきましょう。

2　最近のクレーマーの特徴と対応方法

　スマートフォンが普及したこともあり、最近は、面談中などに写真や動画を撮影して、動画投稿サイトやSNSに公開するという手段を取るクレーマーもいます。コメント欄に、学校や教職員に対する誹謗中傷が書き込まれる場合もあります。

　写真や動画を撮影されていることに気付いた場合、肖像権や施設管理権（学校施設内での面談の場合）を根拠として撮影を拒絶することが考えられます。また、写真や動画が公開された後に気付いた場合には、肖像権侵害等を理由として当該サイトに対して削除要請を行うことや、その内容が名誉毀損に当たる場合には刑事告訴を行うことも考えられます。

Q 046 学生がレポート返還を求めてきた際の対応

学生から、教授に提出したレポートを返還するよう求められました。本学（大学）では、答案やレポートを返還するか否かは、担当教授の判断に委ねています。返還請求に応じなければならないのでしょうか。

A 046

答案やレポートに関する指導方法は、基本的には、教授の判断に委ねられますが、返還に応じなければならない場合も考えられます。

解説

1 学生に対する指導における教授の裁量権

最高裁昭和51年5月21日判決によると、大学の教授には教授の自由が認められ（憲法23条）、また、普通教育に携わる教員についても一定の範囲で教授の自由が認められていますから、学生に対しどのような指導をするのかは、一定の範囲で各教授又は各教員に委ねられていると言えます。学校側が掲げる教育方針に反する場合は別として、提出された答案やレポートについて、成績評価をした後、答案やレポートを返却して指導するか、返却せずに指導するかは、原則としては、各教授・各教員の裁量に委ねられており、必ず答案やレポートを返却の上、指導しなければならないということはありません。

2 所有権に基づく返還請求の可否

では、学生から、提出した答案やレポートの返却を求められた場合、法律上、学校は、これを拒否することはできるのでしょうか。答案やレポートの返却請求は、法律的には所有権に基づく返還請求と考えられます。そこで、学生

に答案やレポートの所有権が認められるか否かの検討が必要になります。

　学校側が用意した答案用紙を使って学生が解答を作成し、これを学校に提出している場合、当該答案用紙は、学校が、学生の学力や到達度を評価するために学生に配布したにすぎませんから、その所有権は学校にあると言えます。

　よって学校は、学生の返還請求に応じる必要はないでしょう。

　では、学生が、自分で調達した用紙にレポートをまとめ、提出した場合はどうでしょうか。このような場合であっても、教授が、あらかじめ提出したレポートを返還しない旨を明示し、学生が、これに応じてレポートを提出しているようなケースでは、学生は、レポートの提出の際、レポート用紙の所有権を学校に譲渡した、あるいは、所有権を放棄したと考えることができますから、返還請求に応じる必要はないでしょう。

　しかし、教授側が、そのような明示をしていない場合はどうでしょうか。このような場合であっても、学生によるレポート用紙の所有権の譲渡や放棄の意思が推測できる場合には、返却要求を拒否することができます。

　ただし、例えば、ほとんどの科目でレポートが返却されているというようなケースでは、所有権譲渡や放棄の意思があったと推測するのは難しいでしょう。教授の自由は、あくまで、指導方法の自由ですから、レポートを返却の上、指導するという手法を取らないという選択はできても、所有権に基づく返還請求に対し、教授の自由に基づいてレポート用紙を返却しないとすることは難しいと言わざるを得ません。

　そこで、無用の混乱を防ぐ措置として、例えば、レポート提出に関する案内に、「提出されたレポートに関する一切の権利は●●大学に帰属するものとし、返還はいたしません」という一文を入れておくことも考えられます。このような一文を入れておけば、提出するレポートを保存しておきたい学生は、あらかじめコピーを取るなどして、レポートを保存することが可能になりますので、学生とのトラブルを回避することができるでしょう。

Q
047

学内に放置された学生の私物の処分

既に活動実態がなくなったサークルが、大学の施設内に私物を放置しています。大学としては、放置された私物を処分したいと考えていますが、どのような手続を取ればよいのでしょうか。

A
047

遺失物として警察に届出を行い、警察署長が遺失物法による公告を行って3カ月以内に所有者が判明しない場合、拾得者が私物の所有権を取得しますので、所有者として私物を処分するのがよいでしょう。事前の対策として、放置した私物の所有権を放棄する旨の書面を取得することも有効です。

解説

1 放置された私物を処分するための手続

放置された私物であっても、持ち主がその私物の所有権を放棄していない限り他人の私物ですから、大学が勝手に処分した場合、損害賠償等の責任を負うリスクがあります。

そのようなリスクを回避するためには、まずは放置された私物の持ち主を確認し、持ち主が判明した場合、持ち主に連絡を取って引き取りを求め、引き取らない場合には所有権の放棄を求めます。所有権の放棄を求める場合、後日のトラブルを防止するため、所有権を放棄する私物を製品番号や写真等で特定した上で、書面で放棄の意思を明確にしておく必要があります。また、処分費用についても、持ち主負担とすることを明示しておくとよいでしょう。

これに対して、放置された私物の持ち主が判明しない場合、二通りの方法が考えられます。

　一つ目の方法は、放置された私物の所有権は放棄されたとみなし、所有権のない動産（無主物）は所有の意思をもって占有を開始した者が所有権を取得すると定めた民法239条1項の規定によって大学がその所有権を取得し、その後に処分するという方法です。

　活動実態のないサークルが放置した私物であれば、事実上、この方法でも問題が生じることは多くないと思われますが、持ち主の所有権放棄の意思が明確になっておらず、学校が損害賠償等の責任を負うリスクが残る点に弱点があります。

　そこで、二つ目の方法ですが、放置された私物を、遺失物として遺失物法の定めに従って警察に届ける方法です。警察署長は、同法の定めに従い、その私物の種類や特徴、拾得の日時や場所を公告しますが（同法7条）、この公告をした後、3カ月以内に所有者が判明しない場合、拾得した者がその私物の所有権を取得するとされています（民法240条）。この方法によって大学が所有権を取得した後にその私物を処分すれば、他人の私物を無断で処分したとして責任を問われるリスクはありませんので、手続に多少時間はかかりますが、この方法が望ましいと考えられます。また、この方法を取る場合、処分方法としては、廃棄することも、第三者に売却することも自由に決定できます。

2　事前の対策

　以上のとおり、放置された私物も手続を踏めば処分することができますが、このような手続を踏まなくても放置された私物を処分できるよう、事前に対策を取っておくことも肝心です。具体的には、サークルに大学施設を利用させる際の利用申請書等に、一定期間放置された私物の所有権を放棄する旨の文言を入れる等の工夫をしておけば、定められた期間が経過して放置された私物は大学が処分することができます。

　なお、その書面には、処分費用は持ち主が負担することを明記し、実際の処分の際には、写真等で処分した私物を特定するとともに、領収証等でかかった処分費用を明確にしておくことも重要です。

Q 048 高校生が部活動中に第三者を負傷させた際の責任

高校生が、柔道部の部活動で校外をランニング中に、歩行者に衝突してけがをさせてしまったのですが、校長及び教員は、何らかの責任を負わなければいけないのでしょうか。

A 048 部活動も学校管理下にあるので、校長及び教員は生徒を指導監督する義務を負います。ただし、その義務の内容は、高校生が成人に近い判断能力を有していることから、危険が客観的に予測される場合に、その発生を未然に防止するよう事前に注意をしていれば、損害賠償責任を負わない可能性が高いと言えます。

解説

1 学校事故とは

学校をめぐる事故を総称して「学校事故」と呼ぶことがありますが、法律上、明確な定義はありません。独立行政法人日本スポーツ振興センター法の規定を踏まえて、「学校事故」を「児童・生徒らが学校の管理下にある事故」と説明する見解[注1]によれば、本事案のような部活動中に発生した事故も「学校事故」に分類することができますが、そのことから直ちに学校又は教職員の法的責任が導かれるものではありません。学校や教職員が損害賠償責任を負うか否かは、学校又は教職員の故意・過失、因果関係の有無等を事案に応じて検討する必要があります。

注1 板東司朗・羽成守 編著『〈新版〉学校生活の法律相談』295頁

2　判例

　公立学校の事案ですが、高校生の野球部員がランニング中に人にぶつかっ
て、けがをさせてしまった事案（大阪地裁昭和55年7月11日判決）について、
裁判所は、以下のとおり判示して、校長及び教員の指導監督義務違反を否定
しました。

「公立学校の校長ないし教員は、クラブ活動に関しても生徒を指導監督する
義務があると解されるが、その義務の内容は、高等学校の生徒が満16歳ない
し18歳に達しほぼ成人に近い判断能力を持つまでに心身が発達している年齢
に属し…自己の行為について自主的な判断で責任を以て行動するものと期待
しうるから、生徒を指導監督する教職員としても…逐一生徒の行動と結果に
ついて監督する義務まではなく、ただ生徒が右のような通常の自主的な判断
と行動をしていてもその過程で他人の生命身体に対し危険を生じさせるよう
な事態が客観的に予測される場合に、右事故の発生を未然に防止すべく事前
に注意指示を与えれば足りる」

3　本事案の具体的検討

　本事案では、ランニングコースが狭く、通行人が多い状況で、過去にも接
触事故が起きていたなどの特殊事情がない場合には、高校生が成人に近い判
断能力を有することを前提とすれば、逐一事前に通行人に衝突しないよう注
意を与えなくても、指導監督義務違反はないものと判断される可能性が高い
と言えます。よって、本事案では、校長及び教員が損害賠償責任を負う可能
性は高くないものと言えます。

　なお、最高裁昭和58年2月18日判決は、顧問教諭の部活動の立会義務に
ついて、「課外のクラブ活動が本来生徒の自主性を尊重すべきものであること
に鑑みれば、何らかの事故の発生する危険性を具体的に予見することが可能
であるような特段の事情のある場合は格別、そうでない限り、顧問の教諭と
しては、個々の活動に常時立会い、監視指導すべき義務までを負うものでは
ない」と判示しており、参考になります。

Q
·····
049

教育実習生が実習先で起こした事故と大学の責任

本学の学生が、教育実習先で事故を起こした場合、大学は責任を負いますか。また、大学が、学生を教育実習先に送り出す際に、どのような点に留意すべきでしょうか。

A
·····
049

大学の指導に起因した損害については、大学も責任を負う可能性があります。責任を持って実習生を送り出せるよう、教育実習に必要な教職課程の単位取得に関しては、再履修を認めないなど厳格な態度で臨み、実習前には、学生の法的責任について、よく説明することをお勧めします。

解説

1 教育実習の意義

教育実習は、教育職員免許状を取得するために不可欠の実習であり（教育職員免許法施行規則4条、5条等）、文部科学省は、「学校現場での教育実践を通じて、学生自らが教職への適性や進路を考える貴重な機会であり、今後とも大きな役割が期待される」として、教育実習の意義を認めています。

他方、教育実習は、実習先である学校にとって、負担を伴う側面もあります。

そこで、文部科学省も、「課程認定大学は、教員を志す者としてふさわしい学生を、責任を持って実習校に送り出すことが必要である」とし、あらかじめ履修しておくべき科目につき、到達目標を明確に示し、事前に学生の能力や適性、意欲等を適切に確認し、各学生の必要に応じて補完的な指導を行うことを求めています。こうした指導にもかかわらず、十分な成果が上がらない学生については、最終的に教育実習に出さないという対応や、実習開始後に学生の教育実習に臨む姿勢や資質能力に問題が生じた場合には、課程認定大

学は実習校と協力して速やかに個別指導を行うなど、責任ある対応に努めることが必要であるとしています[注1]。

したがって、課程認定大学は、実習中も学生の状況の把握に努める必要があります。

2　実習先での事故に対する大学の責任

教育実習生が、実習中に事故を起こし、実習先所属の児童生徒に損害を生じさせたり、物を壊したりした場合、課程認定大学は、損害を賠償する義務を負うでしょうか。

前記のとおり、課程認定大学は、教育実習生に対して、適切な指導を行うべき義務を負っており、生じた損害が、大学側の指導に起因するものであると認定されれば、大学が損害賠償責任を負うことも考えられます。また、実習生の受け入れに当たり、教育委員会や実習先の学校が、事故が起きた際は大学が責任を負うことを、実習生の受け入れ要綱に明記している場合や、大学が一切の責任を負う旨の誓約書を提出させている場合もありますので、事前に学生にも要綱を確認させ、注意を促すことが必要です。

3　どのように対処すべきか

このように、教育実習は、大学が責任を持って学生を送り出すべきものであり、大学として教育実習を認めるか否かは、慎重に判断する必要があると言えます。まず、教育実習の実施に必要な単位については、より慎重な認定を行い、単位を落とした学生に対しては、再履修を認めないなどといった厳しい態度で臨むことが必要と考えられます。

また、教職課程の単位を取得した学生であっても、実習先で何らかのトラブルを引き起こす可能性がないとは言えません。例えば、実習前に誓約書を作成させるなどして、学生に対し注意を促すことも、効果的な手段と言えます。また、多くの大学では、教育実習生に賠償保険に加入させており、このような対処も有効でしょう。

注1　文部科学省「教職課程の改善・充実について」（教職課程の改善・充実に関する協力者グループにおける検討）

Q 050 学生の暴行事件とマスコミ対応

　男子学生複数人が、女子学生1人を深夜に男子学生の
アパートへ呼び出し、女子学生の意に反して、集団でわいせつ
行為を行っていたという事件が判明しました。この件でマスコ
ミから学校に対して問い合わせの連絡がありました。学校は、
どのような対応をすべきでしょうか。

A 050 　調査未了の段階では、詳細な回答はせず、事実関係は
調査中であり、コメントは差し控える旨の回答をするに
とどめるのが適切でしょう。調査完了後は、公表の要否等につ
いて適切に判断する必要があります。

解説

1　不用意なマスコミ対応によるリスク

　本事案は、今後、刑事事件へと発展する可能性がありますが、調査未了の
段階では、学校は正確な事実を把握できていません。そのため、この段階で
学校側が不用意な発言をすると、加害学生に対する名誉毀損にもなりかねず、
後々、加害学生から損害賠償請求を受ける恐れがあります。

　また、不用意な回答は被害学生のプライバシー侵害という二次被害を発生
させる恐れもあります。

　以上のように、マスコミからの問い合わせに対しては、後に法的紛争を引
き起こすことのないよう、注意して対応する必要があります。

2　不祥事事案に関するマスコミへの対応

(1)　調査未了段階の対応

　このような事案が発生した場合、学校は、事実関係を正確に把握する必要があります。そのため、調査未了の段階では、マスコミからの問い合わせに対しては、今後の紛争防止及び被害学生保護の観点から詳細な回答をせずに、「事実関係は調査中であり、コメントは差し控える。捜査には全面的に協力していく。」旨のコメントを出すにとどめるのが適切でしょう。

　この時、マスコミからは、当該学生の在籍の有無・処分の見込み等についても問い合わせを受けることがありますが、調査未了の段階では回答すべきではありません。

(2)　調査完了後の対応

　当該事案を公表するか否かは、事案に応じて適切に対応する必要があります。例えば、数多くのマスコミに取り上げられた重大な刑事事件や、利害関係者が多数に上る入試に関する不正など、社会的影響の大きい事案に関しては、学校において行った調査の結果把握した事実と、それを踏まえた処分結果等を記者会見などで公表すべき場合もあります。

　このような場合、対応する者によって説明する内容が異なると、不信を招き、かえって社会からの批判を受ける結果となる可能性があります。そこで、首尾一貫した対応をするためにマスコミからの対応窓口は一本化し、どこまで説明するかを学校の中で協議し、学校内での認識も統一する必要があります。

　なお、記者会見の開催は、社会に対する説明責任という観点からはやむを得ない側面もありますが、その際にも当事者のプライバシーには最大限の配慮が必要です。

　このように、マスコミ対応は慎重な配慮が必要とされますので、公表の要否、手段等について悩む場合は、弁護士等の専門家に相談するとよいでしょう。

Q 051
内定取消しにおける就職課の対応

ある企業から就職の内定を受けた大学生が、「性格が暗く、会社の雰囲気にそぐわない」として、内定を取消されたとの相談が本学の就職課にありました。本学は企業に対してどのような対応を取るべきでしょうか。

A 051

「性格が暗い」ということを理由とした内定取消しは無効と言えるでしょう。大学としては、企業に対して、内定取消しの理由・経緯について説明を求めることが考えられます。

解説

1　内定とは

　内定の法的性質は、一般的には、始期付解約権留保付労働契約と解されています。つまり、就労の時期はこれから到来するものの、内定通知が出された時点で、学生と企業との間では、労働契約締結に際して特段の意思表示は予定されていないため、その時点で、既に労働契約が成立したものと言うことができます。そのため、内定取消しは解雇の一種になり、客観的に合理的理由があり、社会通念上相当と言える場合のみに認められることになります。

　具体的には、内定後に事情の変動があり、又は当時知ることが期待できなかった新たな事実が判明したため労働契約を解約するのがやむを得ないという事情が必要となります。

2　内定取消しの有効性

　これを踏まえて本事案について見ると、「学生の性格が暗い」という印象は

内定前の面接等で把握していたと思われますし、また、何らかの事情で分からなかったとしても、そのような理由での内定取消しに客観的・合理的理由があるとは言えません。よって、「性格が暗い」ということで内定の取消しが認められることは通常ないと言えます。

　なお、内定取消しが無効とされた事例としては、本事案と同様に採用内定者が「グルーミーな印象」であることを理由として内定を取消した事例（最高裁昭和54年7月20日判決）、ヘッドハンティングによりマネージャー職にスカウトしたものの、マネージャー職を廃止することにしたとして内定を取消した事例（東京地裁平成9年10月31日判決）などがあります。

　他方、これまでに内定取消しが有効とされた事例としては、内定者が無届けでデモを行ったとして大阪市公安条例等違反の現行犯として逮捕され、起訴猶予処分を受ける程度の違法行為が判明したことを理由に内定を取消した事例（最高裁昭和55年5月30日判決）などがあります。

3　学校の対応

　不当な理由で内定を取消された場合、大学としては、学生の同意を得た上で、内定を取消した経緯等について企業に対して説明を求めることが考えられます。具体的には、採用担当者に書面で説明を求めるのがよいでしょう。

　内容としては、学生から聴き取った取消理由を記載した上で、なぜそのような理由で内定を取消したのか説明を求める、あるいは、その他に理由があれば回答するよう求めること等が考えられます。これによって、仮に学生に何らかの落ち度があればフィードバックしてもらうことができますし、企業側の判断が不適切であったことが明らかになれば、内定の取消しを撤回させ、今後の同種の事案の発生を防ぐ効果を期待することができます。

　ただし、企業が内定取消しを撤回しない場合、撤回を求めて交渉し、又は訴訟などの法的措置を取ることができるのは、あくまで学生本人である点に留意してください。

Q
052

内定辞退に対する迷惑料請求と大学の支払義務

学生がある企業から内定を受けていたものの、他の企業へ就職するとして内定を辞退しました。内定を辞退された企業から大学に対して、「教育がなっていない」として迷惑料の請求がありましたが、大学に支払義務はあるのでしょうか。

A
052

内定により、企業と学生との間に労働契約が成立しますが、大学は当事者ではなく、学生が内定を辞退しても、大学に金銭の支払義務が生じることはありません。

解説

1 内定辞退についての大学の責任

内定は、一般的には企業と学生との間に雇用契約を成立させるだけであり、大学と企業との間には何ら契約関係は生じません。そのため、学生による内定辞退によって、企業に迷惑がかかったとしても大学が企業に対して金銭の支払義務を負担する理由はありません。

むしろ企業としては、採用リスクとして常にそのような事態も想定していることが通常であり、必要とされる以上の人数を採用している企業も少なくありません。よって、企業からの迷惑料の請求には理由がなく、大学は支払義務を負いません。

2 内定辞退とは

学生から、内定辞退について大学に相談が寄せられることもあると思われますので、内定辞退について説明します。内定は上述のとおり、企業と学生との間に雇用契約を成立させるため、内定辞退は学生からの雇用契約解除の

112 その他のQ&A

意思表示に該当します。この時、多くの企業において、内定者に対して、「卒業した場合には必ず貴社に入社し、入社を辞退することはいたしません」といった内容を誓約書に記載させていることが問題になります。

　しかし、民法627条1項では、労働者（学生）からの労働契約の解約（内定辞退）は、2週間の予告期間を置くことによって可能であると定められています。よって、仮に誓約書を提出していたとしても、内定の辞退は有効であり、内定辞退が就労開始時期に極めて近接した段階でなされたなどの信義則に著しく反する態様であるといった特段の事情がない限り、学生が企業に対して、内定辞退によって企業が被った損害を賠償する義務が生じることはありません。なお、判例（東京地裁平成24年12月29日判決）においては、学生が入社日前日の3月31日に内定辞退の申し入れを行った事案についても、会社側の入社前研修における発言が内定辞退の強要に近い辛辣さを有するものであったこと、及び内定辞退の申し入れに先立ち、学生が代理人弁護士による通知書を送付していたことから、内定辞退という事態が起き得ることを会社側もそれなりに予期していたこと等の諸事情を考慮した上で、「本件内定辞退の申し入れは、信義則上の義務に著しく違反する態様で行われたものであるとまでは言い難く…損害賠償責任を負うものではない。」旨判示して、学生の損害賠償責任を否定していることから、内定辞退の申し入れにより学生が損害賠償責任を負うのは、相当に限られたケースであると言えるでしょう。

　もっとも、内定辞退ができるからといって、内定者が企業に対して、あまりにも不誠実な対応をしてしまうと、企業の大学に対するイメージが悪くなり、当該企業に対する他の学生による就職活動に悪影響を及ぼす恐れがあります。

　そこで、大学としては、学生に対して、内定辞退について相談を受けた場合には、内定を辞退すること自体は法的には可能であるものの、企業に対しては、就労の始期の間近になる前に、できるだけ早期に辞退する旨の連絡を行い、場合によっては学生自身が、企業に自ら出向いて、内定辞退の意向を説明するなどして誠意を尽くすよう指導することが肝要でしょう。なお、大学が推薦状を出した上で内定が出されるなど、大学側が積極的に内定獲得へ働き掛けた場合には、大学側もトラブルに巻き込まれる可能性がありますのでより慎重な対応が必要です。

第 **2** 章

教職員の問題を
解決する

Q 053 ハラスメント防止法の概要

令和4年4月から、いわゆるハラスメント防止法が中小企業にも施行されたことに伴い、私立学校も様々な対応を迫られます。改めてそのポイントを整理して教えてください。

A 053

パワーハラスメント（地位や権力を利用した嫌がらせ）の定義が法律上明記されたほか、相談窓口や規程類の整備、研修の実施、迅速な事案処理など、様々な対応が必要となります。

解説

1 パワハラの定義概説

ハラスメント防止法の中心である「労働施策の総合的な推進並びに労働者の雇用の安定及び職業生活の充実等に関する法律」（労働施策総合推進法）30条の2には「事業主は、職場において行われる<u>優越的な関係を背景とした言動であつて、業務上必要かつ相当な範囲を超えたものによりその雇用する労働者の就業環境が害される</u>ことのないよう、当該労働者からの相談に応じ、適切に対応するために必要な体制の整備その他の雇用管理上必要な措置を講じなければならない」と規定されています（傍線筆者）。傍線部分がパワハラの定義に当たります。

ポイントは①職場、②優越的な関係を背景、③業務上必要かつ相当な範囲を超えた、④就業環境が害される——の4点です。②の「優越的」は、上司や先輩が部下や後輩に対して行うものを連想しますが、それに限りません。部下が徒党を組んで上司に暴言を吐くなど、実質的な影響力、支配力を背景

にすれば、②の「優越性」は満たされます。③の「必要かつ相当な範囲を超えた」という要件に明確な基準はありませんが、判例では、当該行為が指導の目的を達成する手段として合理的か、という視点で判断されています。例えば、大勢の前で叱責する、人格否定的な言葉を使うなどといった行為態様は、指導の目的を達成する手段として合理性がないと判断される傾向です。

2　事業主の義務

　同法30条の2を受け、事業主の講ずべき措置を具体的に記すのが「令和2年厚生労働省告示第5号」です。ここでは①事業主の方針等の明確化及びその周知・啓発、②相談に応じ、適切に対応するために必要な体制の整備、③職場におけるパワーハラスメントに係る事後の迅速かつ適切な対応、④①〜③の措置と併せて講ずべき措置──の4つが挙げられています。

　①は、主に規程整備です。ハラスメント防止に関する規程の整備と、ハラスメントに対する学校のスタンスを明確化し、周知・啓発する必要があります。教職員へのハラスメント研修も重要です。②は、相談窓口の設置とその周知です。特に周知は、窓口の実効性を担保するために重要な要素となります。③は、事案を迅速かつ的確に把握するための調査が重要です。ヒアリングその他の証拠に基づく事実確認、事実認定は、弁護士など専門家への相談が不可欠です。その他、加害者に対する処分も重要です。これらの点については、Q054で解説します。④は、相談者などのプライバシー保護措置とその周知、相談等による不利益がない旨の規程整備とその周知、啓発で、相談窓口を利用しやすくする措置です。

　前記措置を講じない場合、厚生労働大臣からの指導、助言又は勧告の対象となり、勧告に従わない場合は学校名が公表される可能性があるほか、ハラスメント被害者から使用者責任などを理由に損害賠償請求を受ける可能性があります。

　近年はハラスメントに対する意識が強くなっており、学内でハラスメント被害を申告する例が増えています。万全の体制を整えることが必須となりますので、積極的に対応しましょう。

Q 054 ハラスメントが発生した場合の対応策

最近、ハラスメントの被害を申告してくる教職員が増えてきており、対応に苦慮しています。具体的な対応方法とポイントを教えてください。

A 054

現に発生した事案に対する対応方法としては「事実調査」「処分決定」が最も重要です。事実調査の中で重要なのはヒアリング、処分決定の中で重要なのは弁解の機会を与えることと適切な処分の選択です。

解説

1 事実調査について

(1) 事実調査のポイント

事実調査の中心は、関係者からのヒアリングです。ヒアリング対象者は、被害者、加害者、第三者に分けられます。

一般的には、被害を申告した被害者、加害者の順にヒアリングを行います。第三者は、被害者と加害者で食い違いが生じている部分（争いのある部分）を中心に補充的にヒアリングを行います。その他、証言に出てきた物的証拠（当事者間のLINE〈ライン〉やメール、写真などのコンテンツ等）の収集も行います。事実調査は「仲裁」ではなく、語られる事実を淡々と確定していく作業です。本人の評価を排した「事実」を抽出してください。「いつ」「どこで」「誰が／誰に」「何をされた」「なぜ」「どのように」という、いわゆる5W1Hを使って質問することで、上手に「事実」を抽出できます。

また、特に被害者からヒアリングする際は、秘密が守られること、申告

したことによって不利益を被ることはないことを伝えるなど、安心してハラスメントの相談ができることを理解してもらうことも重要です。相談窓口が信用されないと、窓口が利用されなくなり、いわゆる「泣き寝入り」が常態化して、職場環境がますます劣悪になってしまいます。

⑵　**事実認定について**

　事実認定は、収集した証拠から事実を確定する作業です。どの証拠によっていかなる事実が認定でき、どの部分がハラスメントに該当するのかを丁寧に検証します。証拠の評価や事実認定は、専門的な訓練や知識を要する部分も多いので、調査委員に外部の専門家を入れることも重要です。

　万が一、証拠の評価を見誤り、事実認定が不合理なものになったり、証拠に基づかず、思い込みなどで事実認定をしてしまうと、後々トラブルになり、裁判に発展してしまうこともあるので注意して下さい。

2　加害者に対する処分の決定

　事実認定が完了すると、加害者に対する労働契約上の「処分」を決定する作業に入ります。処分は、校長などから行われる事実上の注意から、労働契約上の制裁措置である懲戒処分に至るまで幅広く存在します。懲戒処分を選択する場合、弁明を与えるという重要な手続があります。弁明は、対象となる教職員に不利益処分を下す上での「適正手続保障」の観点から必要とされています。ただ、あくまで弁明の「機会」を与えればよく、弁明に対する反論や説得をする必要はありません。

　次に処分決定です。基準としては、当該事案の性質（結果の重大性、悪質性、周囲への影響力の大きさなど）も重要ですが、最も重要なのは、「過去事案との均衡」です。裁判でも、過去事案との均衡（特に同種事案における均衡）は必ず吟味されます。処分を決める段階では、まず過去の記録を洗い出し、同種事案でどのような処分を下した例があるかを必ず確認した上で、当該事案との均衡を十分吟味したものを選択してください。

　懲戒処分における手続や処分の選択を誤ると、手続が無効になり、提訴されるなど法的リスクが大きいので、専門家によるアドバイスを受けながら慎重に手続を進めることが重要です。

大学教員のセクシュアル・ハラスメント

本学の教授が、ゼミの学生と食事や旅行に行くなど、性的関係を伴う交際をしていたことが分かりました。この事実は、学生がセクシュアル・ハラスメントであると申し出たことで発覚しました。教授は「相手の同意がある」と言っていますが、教授の行為は、セクシュアル・ハラスメントに当たるのでしょうか。

師弟関係にある者の間の同意は、それが真摯なものであるのか、慎重に判断する必要があり、教授の認識にかかわらず、セクシュアル・ハラスメントに該当する可能性があります。

解説

1 セクシュアル・ハラスメントとは

セクシュアル・ハラスメントとは、職場において行われる労働者の意に反する性的言動で、それに対する労働者の対応により、その労働者が労働条件について不利益を受けたり、就業環境が害されるものを指します（男女雇用機会均等法[注1]第11条1項）。型態としては、教育研究や修学・就労・課外活動において、指導・助言及び雇用・管理並びに学内外での活動に関して性的な言動を行うことにより、相手方に利益もしくは不利益を与える、又は与えようとするもの（地位利用型・対価型）と、性的要求や性的な言動を繰り返すことによって相手方に不快感を与え、教育研究や修学・就労・課外活動の環境を悪化させるもの（環境型）とが挙げられます。

注1 男女雇用機会均等法＝雇用の分野における男女の均等な機会及び待遇の確保等に関する法律

どのような行為がセクシュアル・ハラスメントに該当するかは、厚生労働省や人事院のウェブサイトの記載が参考になります。

2　セクシュアル・ハラスメントがもたらす被害

セクシュアル・ハラスメントをはじめとするキャンパス・ハラスメントは、被害者の人格権を侵害し、精神的・身体的被害をもたらします。

加害者は、行為の内容によっては不法行為（民法709条）に基づく損害賠償責任を負い、あるいは刑事責任を追及される場合もあります。学校も使用者責任（同法715条）、あるいは、安全配慮義務違反を理由に損害賠償責任を負う可能性があります。

3　本事案のあてはめ

本事案で、教授は、被害者の同意があるとしています。もちろん同意が真意に基づくものであれば、「相手方の意に反する」とは言えず、セクシュアル・ハラスメントには当たりません。しかし、被害者が成人であっても、師弟関係がある場合は、師弟関係を維持したい気持ちから、不本意ながら同意をせざるを得なくなっている場合が十分に想定されます。裁判所は、教授が自身と師弟関係にある大学院生に対して恋愛関係を迫ったことが問題となった事案で、「（大学院生は）教授に対する感謝の反面、…遠慮・我慢等何らかの負担感があるのが通常であり、…上の立場に立つ教授としては、下の立場である大学院生のかかる負担感に配慮して配慮しすぎることはない」としており（東京地裁平成27年6月26日判決）、交際の経緯や事実関係等をよく調査・確認し、同意が真意に基づくものかを慎重に判断する必要があります。

なお、裁判所は、被害者が不利益を受け又は性的不快感を受けることを、加害者が意図したか、あるいはそのような結果に至ったことに過失があったかどうかにかかわらず、セクシュアル・ハラスメントは成立するとしています（東京高裁令和元年6月26日判決）。もちろん、加害者の主観は、懲戒処分の軽重を決めるに当たっては考慮要素となりますが、セクシュアル・ハラスメントの成立自体には、影響がありません。

Q
056

大学教員の暴言によるアカデミック・ハラスメント

大学のゼミで、発表がうまくできなかった学生に対し、指導教授が、「馬鹿」、「あなたはだめね」と繰り返し発言しました。指導教授は、学生を奮起させるため、指導の一環として発言したと述べていますが、これはアカデミック・ハラスメントに当たるのでしょうか。

A
056

学生の人格権を侵害するもので、アカデミック・ハラスメントに該当します。

解説

1 アカデミック・ハラスメントとは

アカデミック・ハラスメントとは、教職員や学生など大学の構成員が、教育・研究上の権力を不当に利用して、他の構成員に対し、研究上、教育上、修学上の不適切で不当な言動を行うことです。

こうした言動は、被害者の人格権を侵害し、被害者に精神的・身体的被害をもたらし、ひいては、優秀な人材の流出など大学にも大きな損失をもたらす恐れがあります。

2 アカデミック・ハラスメントの典型例

アカデミック・ハラスメントの典型例としては、学生等に対する①暴言（侮辱、脅迫、名誉毀損）、②学習・研究の妨害、③指導の放棄、④不当な指導、⑤研究業績の搾取などが挙げられます。

本事案の「馬鹿」、「あなたはだめだ」という発言は、学生を侮辱する暴言で①に当たります。裁判所も、同種の発言につき、学生の人格や尊厳を傷つけ、

教育・研究上の不利益を与えるものであることは明らかとして、アカデミック・ハラスメントに当たるとしています（東京地裁立川支部平成25年5月13日判決）。

3 「指導」と「アカデミック・ハラスメント」

　本事案で、教授は、当該発言を指導の一環としていますが、これらの発言に具体的な指導は含まれておらず、前記の判例の控訴審も、指導の一環としてなされた適切なものと解することはできないとしています（東京高裁平成25年11月13日判決）。

　では、「指導」として辛辣な発言がなされた場合、アカデミック・ハラスメントに当たるのでしょうか。

　医科大学の解剖学講座の主任教授が、長らく実験や学会発表等を行っていない同講座所属の講師に対し、研究や実験等をやるよう指示するに際し、他の教室員らがいる前で「お前なんか何もやっていないじゃないか。いらないんだ」と退職を迫るかのような発言をし、講師が書いた論文について「あんなもん、ペーパー（論文のことを指す）じゃない」などと発言した事案では、裁判所は、主任教授と講師のやりとりや一連の発言を吟味し、主任教授の発言が講師に対する指導のためのものではないとは言えないとしつつ、「指導であればどのような方法をとっても許されるということはなく、指導をされる側の人格権を不当に侵害することがないよう、社会通念上相当な方法がとられなければならず、その相当性を逸脱した場合には違法」となるとしました。また、裁判所は、主任教授が「教室内の重要な事項に関する決定権を有していることに照らせば、指導の方法、すなわち、言葉、場所、タイミングの選択を誤ると、指導を受ける者に対して必要以上に精神的な苦痛を与え、ひいては人格権を侵害することになりかねないものであるから、特に注意を払うことが求められる」として、主任教授の発言は講師の人格権を侵害していると判断しました（東京地裁平成19年5月30日判決）。

　アカデミック・ハラスメントに当たらないよう、指導方法には十分な留意が必要です。

Q 057

大学教員の指導放棄等のアカデミック・ハラスメント

教授が、指導している大学院生の同意を得て、学部ゼミに参加してもらっていましたが、教授は、遅刻したり、欠席したりして、大学院生に学部ゼミの指導を任せてしまっています。このような行為は、アカデミック・ハラスメントに該当するのでしょうか。

A 057

暴言だけではなく、学習・研究の妨害や指導の放棄等（Q056）もアカデミック・ハラスメントに該当します。

解説

1 勉学・研究の妨害の例

本事案と同種の事案につき、裁判所は、教員の行為につき、大学院生に「過剰な労働」を強い、学生の活動の自由を奪う行為であるとした大学の評価を相当としました（東京地裁立川支部平成25年5月13日判決）。

また、准教授らが、学生の専攻とは全く関わりのない、准教授自身の研究のための膨大な作業を、長期にわたり学生にさせた事案で、裁判所は、これらの行為は、学生の学習・研究活動妨害行為、不適切な環境での指導の強制に当たるとして、ハラスメント行為と認定しています。この裁判で准教授らは、学生らが自主的に作業をしてくれたものであって、教員による強制ではないと主張しましたが、裁判所は、教員に従わなければ自分の評価が下げられると考えた学生らが、やむを得ず作業を行ったもので、強制と言わざるを得ないと判断しています（札幌地裁平成22年11月12日判決）。

2　指導の放棄その他の例

　この他、指導学生の卒業論文の取り扱いにつき、学科と対立した教授が学生に対する卒論指導を放棄した事案では、裁判所は、教育者としての配慮に著しく欠ける行為であるとして、アカデミック・ハラスメントに当たるとしています（東京地裁平成24年5月31日判決）。

　また、学力不足のため、標準年限では修士課程を修了できない見込みとなった大学院生に対し、学費負担の軽減のため休学を勧めた教員が、本人に休学の意思がないことが明らかになった後も、執拗に休学を勧めた事案では、裁判所は、休学を勧めた趣旨は不当ではないものの、その他の暴言も含め、教員の行為は社会的相当性に欠けるとして、大学院生から教員に対する慰謝料請求を認めました（岐阜地裁平成21年12月16日判決）。この事案は、行為の目的が正当であっても手段たる行為が度を越せばハラスメントと評価されることを示すものです。

3　大学による処分

　ハラスメント事案では、多くの場合、大学は、規程に従ってハラスメント行為を行った教員に対し懲戒処分を実施していますが、あとから、処分の有効性が裁判で争われることがあります。前出の札幌地裁の事案では、大学は事件に関与した准教授らを懲戒解雇・諭旨解雇としましたが、准教授らは裁判で処分の無効を主張しました。この事案で裁判所は、ハラスメント行為を認定しつつ、それ自体直ちに懲戒解雇・諭旨解雇に相当する重大な非違行為であるとは言えないとして、処分を無効としました。

　また、指導担当教授が、学部生がその就職先に就職するに足る能力があることを知りながら学部推薦状の作成を拒否した事案では、裁判所は、アカデミック・ハラスメントを認定しつつ、停職1カ月という処分は重きに失するとしています（広島高裁松江支部令和2年8月31日判決）。

　教員について問題が発覚した際は、その都度適切に指導し、また、専門家の意見も聴きながら、行為に見合った適切な懲戒処分を行う必要があります。

Q 058　わいせつ教員対策法の概要

わいせつ教員対策法が施行されました。現場における具体的な対応方法とポイントを教えてください。

A 058

同法は、大きく①防止に関する施策、②発生事案への対処に関する施策、③教員等の任命・雇用に関する施策、④免許状再授与に関する施策——という四つの軸で構成されていますが、学校の現場対応という意味では①②が重要と思われます。

解説

1　防止に関する施策

⑴　啓発活動

　児童生徒に対する性暴力等の防止措置のメインは教員等や児童生徒に対する啓発（教育職員等による児童生徒性暴力等の防止等に関する法律〈わいせつ教員対策法〉13条、14条）です。文部科学大臣が定めた指針（以下「指針」）では、教員に対し、専門家による研修や、ロールプレー形式・ディベート形式など効果的な研修を継続的・計画的に行うこと、児童生徒に対し、文部科学省推進の「生命（いのち）の安全教育」について、教材や指導の手引等の周知徹底を図ることが求められています。

⑵　SNS教育の重要性

　指針では、教員、児童生徒間のトラブルがSNS（インターネット交流サイト）等を利用した私的なやりとりに起因していることが指摘されており、SNS等の適切な利用やルールの確立及びその周知が求められています。

2　発生事案への対処に関する施策

(1)　早期発見のための定期的調査

　同法は、児童生徒に対する性暴力の早期発見を目指し、児童生徒や教員に対する定期的な調査その他の措置を講ずることを求めています（同法17条）。指針では、アンケートや教育相談の実施、電話相談窓口の周知等により、児童生徒等が被害を訴えやすい体制を整えることが挙げられています。

(2)　事案発生を疑う場合の措置

　学校が、通報などによって事案発生を疑うときは、その旨を学校の設置者に通報するとともに、当該事案の事実確認を行うための措置を講じ、その結果を学校の設置者に報告しなければなりません（同法18条4項）。その際、学校には、児童生徒への人権配慮義務（同法5項）、犯罪の疑いがある場合の警察通報義務（同法7項）も課せられています。さらに、学校の設置者も、学校同様の調査義務を負っており、専門家の協力を得て調査を行う必要がある点に特徴があります（同法19条1項）。

　その他、学校及び学校の設置者は被害者に対する継続的保護、支援義務及び当事者ではない他の生徒に対する支援義務も負います（同法20条）。

3　教員等の任命・雇用に関する施策

　国は、児童生徒に対する性暴力等を行った者の氏名や当該事実等に関する情報のデータベース（DB）を整備します（同法15条）。教員等の任命、雇用の際は、このDBを活用しなければなりません（同法7条1項）。過去に処分歴がある者を雇用することも可能ですが、法の趣旨からすれば、再発しない高度の蓋然性が当然要求されます。

4　免許状再授与に関する施策

　指針では、児童生徒に対する性暴力等を行った教員は原則懲戒免職とされ、免許取上げとなります。この場合、免許状の再授与は、「適当であると認められる場合」に限られ（同法22条）、事実上再授与は困難となりますので、教員にとって極めて重い措置となります。

Q
059

クレームが多発している教職員の解雇

生徒や保護者から、授業の内容や進行等についてクレームが多発している教員がいます。このような教員を「勤務態度が悪い」という理由で解雇することはできますか。

A
059

解雇に当たっては、解雇権の行使が濫用にならないよう、注意が必要です。まず、クレームの内容や事実関係を正確に把握した上で、当該教員の勤務態度を改善させるための指導を積み重ね、それでも改善の余地がない場合は、解雇もやむを得ないと考えられます。

解説

1 解雇とは

解雇とは、使用者による労働契約の解約のことで、①普通解雇、②整理解雇、③懲戒解雇に大別されます。①は、労働契約の債務不履行など、解雇の原因が労働者にある場合の解雇を指します。②は、労働者に落ち度はないものの使用者側の経営上の都合で行う解雇を指します。③は、使用者が労働者の企業秩序違反行為に対して課す制裁という性質を持つ解雇を指します。

2 解雇権濫用法理

解雇事由は就業規則の必要的記載事項（労働基準法89条3号）ですが、就業規則上の解雇事由に該当すれば無条件で解雇できるわけではなく、解雇が「客観的に合理的な理由を欠き社会通念上相当として是認することができない場合には、権利の濫用として無効になる」（いわゆる解雇権濫用法理（最高裁昭和50年4月25日判決））とされています（労働契約法16条）。つまり、解

雇には、①客観的合理性と②社会通念上の相当性の二つの要件が必要です。

3　解雇の要件

　解雇の客観的合理性とは、解雇理由として合理的と考えられる事情が存在することを指し、一般に、① 労働能力の欠如（就労不能、成績不良、適格性欠如など）、② 規律違反行為、③ 経営上の必要性という三つの類型に分けられます。また、社会的相当性は、それらの事情の内容・程度、労働者側の情状、不当な動機・目的の有無、使用者側の事情や対応、他の労働者への対応例との比較、解雇手続の履践など、当該解雇に係る諸事情を総合的に勘案し、労働者の雇用喪失という不利益に相応する事情が存在していることをいいます[注1]。これらの要件の有無は、具体的な事実に対し、個々に判断することになります。

4　本事案について

　本事案では、複数のクレームが寄せられているようですが、教員のどのような行為に対するものか、生徒に何らかの影響が出ているのか等、具体的事実を、客観的資料（生徒からの相談、学級日誌、授業の観察記録等）に基づいて明らかにし、解雇に合理的理由があるか検討する必要があります。

　また、クレームがあったから直ちに解雇するというのでは、社会通念上の相当性を欠くことになりかねません。学校は、解雇を回避すべく、口頭での注意、書面による指導、譴責などの比較的軽い懲戒処分を行うなどして、当該教員の勤務態度を改善させるための指導を積み重ねることが重要です。それにもかかわらず、改善の余地がない場合には、解雇もやむを得ないと考えられます。

　最後に、学校は、日ごろから教職員らの勤務状況、問題点を正確に把握し、適切に指導するとともに、記録に残すことをお勧めします。人事考課制度やその評価基準が定められている場合は、それらは一つの指標になります。また、クレームや事件が発生した際は、必ずその内容と学校の指導を書面に記録する、勤務日誌を付けさせる、生徒・保護者にアンケートを取る、などの方法が有用です。

注1　水町勇一郎　著『詳解労働法［第2版］』965頁

Q 060

試用期間中の教職員の解雇

試用期間中に期待した能力がないことが判明した教職員に、本採用を拒否して学校を辞めてもらうことはできますか。

A 060

勤務成績が悪く、教職員としての不適格性が明らかな場合など、客観的に合理的な理由が存在し、社会通念上相当として是認され得る事情があれば、本採用拒否（すなわち解雇）が可能です。

解説

1 試用期間中の雇用契約の位置付け

雇用に当たり、その能力や適格性を判断するため、労働契約の初期の段階に試用期間を設け、その後本採用をするということは、実務上もよく行われています。試用期間中の雇用関係の法的性質については、就業規則の定め方や、試用期間中の処遇、事実上の慣行等も加味し、個別に判断する必要がありますが、判例は、解約権留保付雇用契約と解しています（最高裁昭和48年12月12日判決）。解約権留保付雇用契約とは、一定の場合、使用者側が留保された解約権を行使することが認められる契約です。

2 解約権を行使できる場合

前記判例は、留保された解約権を行使できる場合について、試用期間満了時まで解約権を留保する趣旨に照らし、通常の解雇と全く同一に論ずることはできないとして、通常の解雇に比べ（普通解雇についてはQ059参照）、より広い範囲で解雇が認められるとしつつも、一定の試用期間を付した雇用関係に入った者の雇用継続についての期待や、他企業への就職の機会と可能性

を放棄したことを踏まえ、「留保解約権の行使は、…解約権留保の趣旨、目的に照らして、客観的に合理的な理由が存し社会通念上相当として是認されうる場合にのみ許される」としています。つまり、留保した解約権の行使も、無条件には認められず、一定の客観的合理的理由及び社会通念上の相当性が必要ということです。

　本採用拒否が有効とされた例として、新卒者のミスが目立っていたため試用期間を延長して様子を見たが、能力不足と適格性欠如は明らかであった事案（東京地裁平成13年7月2日判決）、技術者として採用されたが、勤務態度が悪く、労働者自身も勤務態度の改善の必要性を十分認識し、改善のための機会を与えられ、指導・教育を受けていた事案（大阪高裁平成24年2月10日）があります。

　これに対し、解雇が無効とされた例として、会社側は採用時の虚偽申告や業務妨害を理由に本採用を拒否したと主張したものの、客観的な証拠を示すことができず、他方で労働者は採用後おおむね営業職として誠実に事務を遂行していたことが認定された事案（大阪地裁平成12年8月18日判決）や、「未経験者可」の求人に応募し採用された労働者が、組合集会に参加した後に、些細な職務怠慢行為を理由に解雇された事案（大阪地裁平成11年2月5日決定）があります。

　このように、客観的合理的理由及び社会通念上の相当性の有無は、事案により個別に判断されます。

3　本事案の場合

　本事案では、「期待した能力がないことが判明した」とありますが、具体的な勤務成績や、学校側が改善・指導の努力をした事情などにより、客観的合理的理由及び社会通念上の相当性が認められる場合には、解雇は可能と言えるでしょう。

　なお、試用期間は、本採用の可否を決定するための適格性観察期間ですから、1年を超えるなど、長すぎる試用期間は試用期間の定めが無効となる可能性があります。

Q 061 学校批判を繰り返す教職員の処分

教員がSNSで学校に対する誹謗中傷を繰り返し投稿していることについて、同教員を処分することは可能でしょうか。

A 061 当該投稿が学校の秩序に関するものである場合等は、懲戒処分を行うことが可能です。

解説

1 懲戒処分の可否

教職員のSNSへの投稿は、それが勤務時間内に行われている場合や職場の設備（パソコンやインターネット回線）を使用して行われた場合は、職務における非行として懲戒処分の対象になります。

他方、業務時間外に、私的なアカウントから行われた投稿は、私生活上の行為として、通常は懲戒処分の対象にはなりません。もっとも、判例は、懲戒権は、企業秩序の維持・回復のため行使できるものであり、従業員の職場外でされた職務遂行に関係のない所為であっても、企業秩序に直接の関連を有するものや企業の評価の低下毀損につながる恐れがあると客観的に認められる行為については、なお広く企業秩序の維持確保のために、これを規制の対象とすることが許される場合もありうるととしています（最高裁昭和49年2月28日判決）。

したがって、本事案の投稿も、勤務時間内に行われた場合はもちろん、そうでない場合も、学校秩序に直接関連したり、学校の社会的評価を毀損する恐れのある場合は、懲戒の対象になり得ます。

2　職場外での言論に対する懲戒処分が有効とされた例

　最高裁平成6年9月8日判決は、教員が、勤務する学校法人について、文化祭のバザーで不正・不当な会計処理がなされたかのような情報、同法人が設置する学校の校長が不当な労働管理をしているかのような情報を週刊誌に提供し、この情報が同週刊誌に掲載されたという事案です。最高裁は、当該情報が同法人の「学校教育及び学校運営の根幹に関わる事項につき、虚偽の事実を織り交ぜ、又は事実を誇張わい曲」するものであると認定した上、前記情報提供が「広く一般に流布されることを予見ないし意図してなされたもの」であり、同法人の「信用を失墜させかねないもの」であるとし、当該教職員を解雇した学園の処分が有効であると判断しました。

　また、新聞記者が自らの勤務先を明らかにしたうえで、個人のウェブサイト上に、取材先の実名や社外秘とされている事項、会社に対する批判を記載した行為が、会社の取材源秘匿、真実の報道の経営・編集方針に反し、就業規則の服務規定に違反するとして出勤停止処分された事例では、当該記者はこれらの行為が会社の方針や就業規則に反することを十分認識していたとして、裁判所は、処分を有効と判断しました（東京地裁平成14年3月25日判決）。

3　SNSへの投稿に関するルールを作ること

　SNSへの投稿は簡便になされることもあり、様々なトラブルが発生しています。本事案のように勤務先を誹謗中傷するもの、個人のプライバシーを侵害するもの、機密情報を漏えいするものなどは、事案によっては、学校や企業の信用を失墜させ深刻な被害をもたらします。そして、一旦投稿された情報は瞬く間に拡散し、それらを完全に削除することは極めて困難です。

　そこで、学校としては、SNSによるトラブルを回避するため、SNSの使用に関する服務規律を設けたり、研修を行うなどして、教職員のインターネットリテラシーを高めていくことも必要です。

Q
·········
062

欠勤が続く教職員への対応

病気で欠勤が続いている教職員を、病気を理由に解雇することは可能でしょうか。今後、休職制度を導入することも検討していますが、注意すべき点はありますか。

A
·········
062

就業規則上の解雇事由に該当する場合は、解雇することも可能ですが、解雇権の濫用にならないよう注意が必要です。また、休職制度については、就業規則か労働協約で定める必要があります。解雇に関する規定も整備しておくとよいでしょう。

解説

1 解雇の可否

普通解雇の解雇事由として、「心身の故障により業務に耐えられないとき」、「1年を通じて欠勤が50日以上に及んだとき」といった規定を定める場合があり、病気による欠勤が続いた場合はこれらの規定に該当する可能性がありますが、前記（Q059）のとおり、解雇が客観的に合理的な理由を欠き、社会通念上相当として是認することができない場合は、解雇権の行使が権利の濫用として無効になるので、注意が必要です。

例えば、労働者に回復の可能性があるのにそれを考慮せずに解雇した場合、あるいは、業務の軽減などの解雇回避措置を取ることなく解雇した場合は、解雇権の濫用となる恐れがあります。

また、休職制度が導入されているにもかかわらず、傷病休職を発令せずに解雇した場合も、解雇権濫用となる可能性があります。なお、業務上の負傷や疾病による療養のための休業期間及びその後の30日間は、原則として解雇

が禁止されています（労働基準法19条1項）。

2　休職とは

　休職とは、ある従業員について労務に従事させることが不能又は不適当な事由が生じた場合に、使用者がその従業員に対し、労働契約関係そのものは存続させながら労務への従事を免除又は禁止することです。

　休職制度の導入は学校の自由ですが、導入する場合には、就業規則か労働協約に規定を設けることが必要です。その場合、①どのような場合に休職を命じるのか、②休職期間中の取扱（賃金の有無、勤続年数への算入の有無）、③休職事由ごとの休職の期間、④復職の条件・手続（詳細はQ063参照）について、明確に定めることをお勧めします。規定を設けるに当たっては、復職の条件を明確に定め、うやむやな状態で休職を繰り返され、復職の見込みがないのに雇用を継続しなければならないということが起こらないよう留意しましょう。

3　休職命令の発令の手順

　休職命令の発令は、就業規則や労働協約に従って実施しますが、以下のような手順を踏むことをお勧めします。

　まず、教職員の病状を確認するため、医師の診断書の提出を求めます。本人が診断書を提出しない場合、あるいは提出した診断書の記載では十分に状況を把握できない場合などは、産業医等の面談を命じます。教職員が診断書の提出や産業医等との面談を拒否する場合に備えて、あらかじめ学校がこれらの命令を行うことができる旨就業規則に定めておくことが望ましいです。病状が確認できれば、相当の期間を設定して、休職命令を発令します。

4　休職期間中の対応

　休職期間は労務提供義務が免除されていますが、雇用契約は継続しており、教職員の状態を確認するため、月に1、2回程度のコミュニケーションを取ることが望ましいです。

Q
063
うつ病で休職している教職員の復職
　うつ病で休職している教職員が、休職期間満了前に、「うつ病は治癒した。復職可能」という主治医の診断書を提出し、復職を希望してきましたが、本当はまだ治癒していないようです。どのように対応したらよいですか。

A
063
　復職の際は、従前の業務遂行に耐えられる程度まで病状が回復していることの確認が重要です。主治医の診断書だけで判断するのではなく、産業医との面談を求めたり、主治医から意見聴取したりするのがよいでしょう。

解説

1　休職期間満了時の対応

　休職期間満了を迎えた場合、病気が「治癒」していれば復職となりますが、「治癒」していない場合、すなわち、「休職期間が満了しても職務に復帰できないとき」については、これを解雇事由あるいは退職事由とする就業規則も多くあります。したがって①どの程度まで回復していれば「治癒」と言えるのか、②それはどのような資料に基づきどのように判断すべきかという復職の適否の判断が重要となります。

2　復職の適否の判断基準

　「治癒」については、かつてはほとんどの判例が、「従前の職務を通常の程度に行える健康状態に復したとき」を指すとしていましたが、「現実に配置可能な業務」がある場合、その業務を行える程度まで回復していればよいという判例（大阪地裁平成11年10月4日判決）が出て以降、これに従う判例が増えて

います。もっとも学校は、その規模も様々で、職種も限られているので、必ずしも「現実に配置可能な業務」があるとは言えず、結局は、休職前の業務を行える程度まで回復している必要がある場合が多いでしょう。

3 復職の適否の判断方法

まずは教職員に、主治医の診断書を提出してもらいます。その際、必ず当該教職員に面談し、復職可能な状況であるかどうか、確認してください。

仮に、主治医の診断書だけで判断がつかないときは、より多角的客観的に判断するため、産業医面談を実施します。この場合、業務命令として産業医面談を命じることは可能ですが、あらかじめ休職規程に、産業医面談を命じることが可能である旨を明記しておくとよいでしょう。

さらに、学校としては、より詳細に教職員の健康問題について検討するため、主治医に対して意見聴取することも有効です（事前に当該教職員から同意を得てください）。また、スクールカウンセラーからの意見聴取も有効です。

これらの意見聴取の結果も踏まえて、学校及び産業医は、教職員の健康状態、復職の適否について判断することになります。

4 リハビリ勤務

なお、教職員が、「初めはリハビリ勤務（正式な職場復帰前の試し出勤）をしたい」と申し出てくる場合があります。リハビリ勤務は、就業規則等で定めがない限り、それに応じる義務はありませんが、復職をスムーズに進める上で合理的な方法です。この場合、おおむね3カ月程度を目安に通常業務に戻すことになります。

5 業務上の傷病の場合

業務上の傷病により休業する場合は、その休業期間中及びその後の30日間、解雇することができません（労働基準法19条1項）。療養開始後3年を過ぎ、学校が打切補償（同法81条）を支払ったときは、解雇が可能となります（同法19条1項但書前段）。

Q 064 懲戒手続に弁護士を同席させることの可否

教員に対する懲戒処分について、就業規則に基づく「懲戒委員会」を設置して事情聴取を行いますが、その際に本学の顧問弁護士を同席させることは可能でしょうか。また、教員側が代理人弁護士の同席を求めてきた場合に拒否できるでしょうか。

A 064

顧問弁護士を同席させることは可能です。教員側が代理人弁護士の同席を求めてきた場合は、これを拒否することは可能です。

解説

1 懲戒処分について

懲戒権は、就業規則や雇用契約に基づいて使用者に付与された規律を維持する権限です。したがって、懲戒権の行使は、就業規則等に記載された範囲にとどまり、就業規則等に記載のない種類の懲戒処分や、就業規則等に記載のない事由に基づく懲戒処分は認められません。また、就業規則に懲戒事由を規定する場合、当該規定の内容が合理的で、かつ周知されていることが必要となります（労働契約法7条）。

また、懲戒処分を行うに当たっては適正な手続を踏むことが必要です。手続の具体的な内容について定めた法律はありませんが、例えば、就業規則に、懲戒委員会の開催や労働組合との協議等の手続が定められている場合には、これらの手続を経ずになされた懲戒処分は、原則として無効となります（福島地裁会津若松支部昭和52年9月14日判決、東京地裁平成8年7月26日判決、東京高裁平成16年6月16日判決等）。

なお、最近の判例は、適正手続の保障についてより厳格に解する傾向にあ

り、就業規則に規定がなくとも、「格別の支障がない限り当該労働者に弁明の機会を与えるべき」として、手続的相当性を欠く懲戒処分は、懲戒権を濫用したものとして無効になる（東京地裁令和3年9月7日判決）とした判例もあります。したがって、就業規則等に弁明の機会の付与が定められていない場合であっても、被処分者に懲戒事由を事前に告知して、弁明の機会を付与することが必要と考えます。

2　弁護士同席の可否

(1)　学校法人側の顧問弁護士の同席

　　事情聴取の手続に学校側の弁護士を同席させることは、規定の有無にかかわらず可能です。懲戒委員会設置の趣旨は、懲戒手続の適正・公平性を担保するためにほかならず、学校の顧問弁護士や代理人弁護士が事情聴取の手続に同席することで、その趣旨が没却されることは通常考えられません。

　　したがって、弁護士を同席させて事情聴取を行っても問題はありません。

　　なお、弁護士が同席することで、よりポイントを絞った効率的な事情聴取ができ、事案の解明、ひいては適正な処分の決定にも資すると考えられます。

(2)　教員側の代理人弁護士の同席

　　教員が、事情聴取等の手続に代理人弁護士の同席を求めてきた場合、これを拒否することができるでしょうか。

　　懲戒委員会は、あくまで学校が適切に懲戒権限を行使するために設置される機関ですから、その運営方法等についての決定権限は、懲戒権を行使する学校にあります。したがって、学校が、懲戒対象者の代理人弁護士の同席を望まない場合にはこれを拒否することも可能ですし、あるいは、代理人の同席を認めた上で、教員本人の記憶に沿って事情を説明してもらうために、原則として発言は教員のみに限ることを条件に、代理人の同席を認めることも可能です。

　　なお、教員側が、録音することの承諾を求めてきた場合は、前記のとおり、懲戒委員会の運営方法等の決定権限は学校にあるので、拒否することも可能です。

Q
065

教職員組合からの要求に応じる義務

教職員組合から、団体交渉において次のような要望がありました。要求に応じる義務があるでしょうか。

①理事の出席、②非組合員の教職員の賞与・賃金の年額開示、③組合事務所及び掲示板の確保

A
065

いずれも原則として要求に応じる義務はありません。

解説

1 理事の出席

団体交渉の交渉担当者について、労働者側については法律上特段制限がないのに対し（労働組合法6条）、使用者側については、労働組合の団体交渉権に基づき、団体交渉事項（以下「団交事項」）について実質的な交渉権限を有する者の出席が必要です。

もっとも、前記は理事である必要はなく、学校から当該権限を付与された担当者であれば出席可能です。したがって、組合側から「理事長や担当理事を出席させろ」などと要求されても、必ずしもその要求に応える義務はありませんし、そのような対応に対して「不誠実団交だ」などと言われても、臆することはありません。ただし、団交事項の内容において、当該理事が実質的担当者であり、例えば当該理事の発言や組合側とのやりとりの内容が問題になっている場合、当該理事が団体交渉を欠席することによって実質的な交渉ができない場合は、「団交拒否」に該当する可能性があるため注意が必要です。

なお、学校から団体交渉の委任を受けている弁護士は、団体交渉に同席することが可能です。

2　非組合員の教職員の賞与・賃金の年額開示

　団体交渉には、交渉に応じる法的義務のある「義務的団交事項（賃金、労働時間、職場環境、団体交渉の手続等）」と、交渉に応じる法的義務のない「任意的団交事項（次期代表取締役の選任、社会文化貢献活動の実施等）」の二つがあります（詳細はQ066参照）。

　正当な理由なく団体交渉を拒否した場合、前者の場合は不当労働行為（同法7条2号）となり違法となります。これに対し、後者の場合は、そもそも団体交渉に応じる義務がないので、団体交渉を拒否しても違法にはなりません。

　非組合員の教職員の賞与・賃金の年額開示は、原則として「任意的団交事項」となるので、そもそも交渉に応じる義務がありません。

　ただ、単に非組合員の賞与・賃金の開示を求めるのではなく、ある組合員の労働条件が団交事項となっている場合において、その比較対象として、非組合員の賞与・賃金の内容が問題となる場合など、組合員の労働条件との関連性が認められるような場合には、団体交渉に応じる必要が生じます（東京高裁平成19年7月31日判決）。この他、非組合員に関する事項であっても、労働者全体に適用される一般的な基準・制度に関連する場合は、義務的団交事項になり得るので、注意が必要です。

3　組合事務所及び掲示板の確保

　Q067の解説のとおり、学校には施設の管理権があり、施設の利用方法等を決定する権限があります。したがって、組合に組合事務所や掲示板を提供するか否かは学校が自由に決定でき、組合側からの要求に応じる義務はありません。

　もっとも、複数の組合が存在する場合に、A組合には事務所・掲示板を貸与しているが、B組合には貸与しないといった扱いは、「両組合に対する取り扱いを異にする合理的な理由が存在しない限り、他方の組合の活動力を低下させその弱体化を図ろうとする意図を推認させるものとして、労働組合法7条3号の不当労働行為に該当する」（最高裁昭和62年5月8日判決）ため注意が必要です。単に他方組合の組合員の人数が少ないからという理由で事務所の貸与を拒否することは許されません（東京高裁平成5年9月29日判決）。

複数の教職員組合への対応

教職員が、学内組合ではなく、学外の合同労組に加盟しました。学内組合と定期的に団体交渉をしていても、別途、合同労組からの団体交渉申し入れにも応じなければなりませんか。

複数の労働組合がある場合、労働組合からの団体交渉申し入れには、それぞれに応じる必要があります。

解説

1　交渉に応じるべき労働組合

労働組合の要件としては、「構成員の資格、内部組織、意思決定の方法とその実行機関、機関の権限、組合運営上必要とする財産的基礎等についての根本的規約を有しこれによって永続的に統制ある行動をなしうるように組織されてあることが必要」とされています（熊本地裁昭和40年9月29日判決）。使用者は、自らが雇用する労働者を代表し、労働組合法上の要件を満たすすべての労働組合と団体交渉を行わなければなりません（複数組合主義。東京地裁昭和63年8月8日判決）。したがって、このような要件を満たす限り、学外の合同労組であっても、労働者側当事者として団体交渉の当事者になり得ます。また、学内に複数の組合が併存している場合、そのすべてが団体交渉の当事者となり得ます。

2　義務的団体交渉事項

労働組合から申し入れのあったすべての団交事項に応じる義務はありません。労働組合は「労働者が主体となって自主的に労働条件の維持改善その他経済的地位の向上を図ることを主たる目的として組織」（同法2条）され、「労

働者がその労働条件について交渉」し、「使用者と労働者との関係を規制する労働協約を締結する」べく団体交渉を行うことを目的としています（同法1条1項）。したがって、義務的団交事項は、基本的に、組合員の労働条件に関するもの（賃金、労働時間、職場環境等）や労使関係の運営に関するもの（団体交渉の手続等）となります。同法7条2号は、使用者が団体交渉を正当な理由なく拒むことを禁止していますが、反対に言えば、使用者は、正当な理由がある場合に、団体交渉を拒否することが認められています。

　そうすると、例えば、学校の経営管理に関する事項は、使用者の権限で決定すべき事項ですので、経営の基本方針や管理職人事、組織変更等については、原則として義務的団交事項には当たらず、これらについて団体交渉申し入れがあった場合に、学校は、交渉を拒否することができると考えられます。ただし、これらの事項が、労働者の労働条件と密接に関連する、あるいは労働条件に影響を与えると言える場合には、団体交渉の対象となりますので、義務的団交事項該当性の判断は、個別の事情に応じて、慎重に行う必要があります。

3　交渉義務の具体的態様

　使用者が団体交渉に応じた場合であっても、使用者が労働者の団体交渉権を尊重して、誠意を持って交渉したとは言えない場合、正当な理由なく団体交渉を拒否したと判断される場合があります。

　東京地裁平成元年9月22日判決は「使用者には、誠実に団体交渉に当たる義務があり、…労働組合の要求や主張に対する回答や自己の主張の根拠を具体的に説明したり、必要な資料を提示するなどし、また、結局において労働組合の要求に対し譲歩することができないとしても、その論拠を示して反論するなどの努力をすべき義務がある」としています。もっとも、求められるのは誠実に交渉することであって、組合の要求に応じて、譲歩したり合意したりする義務はありません。

Q
067

教職員組合のビラ配布

教職員組合の組合員が、校務に関係がないビラを配布しています。このような活動をやめさせたり、懲戒処分にしたりすることはできますか。

A
067

組合活動が正当性を有する範囲を超えた場合には、服務規律違反や施設管理権侵害を理由に、配布行為の中止命令、懲戒処分が可能です。

解説

1 組合活動の法的根拠

憲法28条は、「勤労者の団結する権利及び団体交渉その他の団体行動をする権利は、これを保障する」としており、本事案のようなビラ配布などの活動は、「その他の団体行動」に含まれるものとして、憲法上保障されています。

2 組合活動の限界

もっとも、「保障」といっても無制限に行使できる権利ではありません。以下、幾つか場面を設定して検討します。

⑴ 就業時間中のビラ配布

教職員は、就業時間中、雇用契約に定められた労働を行う義務があるので、就業時間中にビラ配布を行うことは、労働契約に基づく職務専念義務の不履行となり、正当性は認められません。

⑵ 就業時間外のビラ配布

就業時間外は、労働者が自由に使える時間ですが、学校は、職場規律の維持や施設管理、生徒に対する教育的配慮を目的として、無許可のビラ配

布の禁止を就業規則等で定めることも可能です。

　最高裁昭和52年12月13日判決は、休憩時間に行われたビラ配布について、形式的に就業規則に反するように見える場合でも、ビラの配布が職場の秩序風紀を乱す恐れのない「特別の事情」が認められるときは就業規則違反になるとは言えないとしました。もっともこの事案のビラ配布は、上司の適法な命令に抗議する目的でなされたこと、ビラの内容が違法な行為をあおり、そそのかすことを含むものであったことから、職場の秩序を乱す恐れがあるとして、懲戒事由に該当するとしました。

　これに対し、最高裁平成6年12月20日判決は、就業時刻前にビラを二つ折りにして中身が見えない状態で行われたビラ配布については、「その配布が学校内の職場規律を乱す恐れがなく、また生徒に対する教育的配慮に欠けることとなる恐れのない特別の事情が認められる」として、ビラ配布に対してなされた懲戒処分を違法としました。

⑶　**学校設備・施設を利用しての組合活動**

　組合活動は、学校の設備や施設を無断で利用し行うことはできません。判例も使用者の施設管理権を侵害する態様の組合活動に正当性がないことを認めています。

　ビラ配布は、学校設備・施設に対する物理的な侵害の程度が低く、前述のような平穏な方法でなされている限り、施設管理権の侵害となる可能性は低いとみられます。もっとも、学校備品の印刷用紙やプリンターを無断で用いてビラを大量に印刷した場合は、学校の施設管理権の侵害と評価される可能性が出てきます。

　なお、使用者の許諾なくなされたビラ貼りについては、裁判所は、使用者の施設管理権を侵し、企業秩序を乱すものとして、正当な組合活動とは認められないとしています（最高裁昭和54年10月30日判決）。また、ビラの大きさや枚数、原状回復の難易等を考慮し、建造物損壊罪や器物損壊罪の「損壊」に当たるとされた事例もあります（最高裁昭和43年1月18日判決）。

⑷　**ビラの内容に虚偽・名誉毀損的表現がある**

　ビラの内容に、虚偽が含まれていたり、名誉毀損的表現が含まれているような場合は、職場の秩序を乱すものとして正当性を失う場合があります。

Q
068
組合活動を理由とした有休申請への対応

教職員組合の組合員から、組合活動を理由に、授業が
ある日に有給休暇を申請されましたが、授業に支障が出ること
を理由に申請を拒否できますか。

A
068
有給休暇は、時季も利用方法も労働者の自由ですので、
申請を拒否することは原則としてできません。ただし、
有休によって授業の正常な運営が妨げられる場合には、別の日
に有給休暇を与えることができます。

解説

1　年次有給休暇とは

　年次有給休暇（有休）とは、「休日」のほかに、労働者の心身の疲労回復によ
る労働力維持を目的として、法律上の一定の要件を満たした場合に労働者に
与えられる有給の休暇です（労働基準法39条1項）。

　有休は、法律上、使用者が労働者に「与えなければならない」ものですので、
就業規則等で法律上の要件や取得日数よりも不利な規定を設けても、その部
分は無効となります（同法13条）。

　また、有休をいつ取得するか、何日取得するか、有休中に何をするか等、
有休取得に関する事項は原則として労働者が自由に決められます。したがっ
て、本事案の場合のような「組合活動」を理由にしたとしても、有休取得申請
を拒否することは原則として違法となります。

2　「事業の正常な運営を妨げる場合」とは

　もっとも、有休取得が無秩序に行われると、事業運営に重大な支障を来し

てしまう場合も考えられます。そこで、同法は、有休の申請があった場合であっても、労働者が求める時季に有休を取得することが事業の正常な運営を妨げる場合には、使用者が他の時季に有休を与えることができると定めています（同法39条5項但書）。問題は、「事業の正常な運営を妨げる場合」に当たるかどうかの判断です。

(1)　判断基準

おおむね、①当該労働者が担当する労働が事業の運営に不可欠であること、②「代替要員」を確保することが困難であることが判断基準とされています。そして、②については、使用者が代替要員を確保したり、労働者の配置を変更したりして、事業の正常な運営を確保するための可能な限りの手立てを講じる必要があります。

(2)　具体的事例

札幌高裁昭和57年8月5日判決の事例では、①通常授業日の有休取得申請と、②（試験問題出題者による）定期考査実施日の有休取得申請に対する時季変更権行使の可否が争われました。

裁判所は、①について、その後の授業計画で休暇分を回復することが容易であること、補習プリントや振替などで代替手段を講じていることなどを理由として、学校側の時季変更権行使を認めませんでした。

他方、②については、試験問題出題者は、試験中に発生し得る印刷ミスや出題ミスの発見を確実に行い、生徒の勉学の成果が確実に試験に反映されるようにする必要があるとして、試験問題出題者が在校する必要性が大きいなどと判示し、学校側の時季変更権行使を適法と認めました。

3　有給休暇の付与義務

なお、平成31年4月1日以降、使用者は、10日以上の有休が付与される従業員に対しては、基準日から1年以内の期間に、労働者の意見を聴いた上で、時季を指定することにより有休を5日与えなければならないこととなりました（同法39条7項）。これに反した場合は罰金に処せられる（同法120条1号）ので、注意が必要です。

Q
069

就業規則の見直し

本学の就業規則が現行法に整合しておらず、また、実態とも合っていないため、関連する規定類の見直し作業を開始しました。就業規則等の見直しに当たり、特に重点的に点検すべき条項はありますか。

A
069

学校の労務管理上、特に問題になることが多いのは、①労働時間、②給与、③解雇・退職、④懲戒、⑤服務などに関する条項です。

解説

1 就業規則はあらゆるトラブル解決の指針

就業規則の作成及び届出は、労働基準法上の義務です（同法89条）。就業規則は、労働者の賃金や労働時間などの労働条件や、職場内の規律などを定めた職場の規則集であり、その役割は重要です。就業規則に不備があると、教職員とのトラブル解決に重大な支障を来すばかりでなく、労働基準監督署から指導・是正勧告を受けるなどの問題の原因にもなります。就業規則に法令の不適合、実態との乖離などの不備がある場合、速やかに改訂しましょう。

2 重点的に点検すべき条項

(1) 労働時間

労働時間に関する条項は、重要かつ基本的な条項ですが、現行の労働法規に整合していない例はよくあります。1日8時間以内、1週間40時間以内という制限（同法32条）を満たしているか、始業時間・終業時間が実態と適合しているか点検してください。また、最近は教職員の時間外労働につ

いて労働基準監督署から指導が入る事例が多く見られますので、時間外労働を命じる根拠条文や36協定があるかも確認してください。

⑵　給与

給与に関する条項は、賃金の決定、計算及び支払いの方法等を規定する必要があります。なお、経営再建目的で人件費削減のために給与規定を変更することがありますが、この場合、基本給ではなく、賞与や手当の削減から検討するなどの注意を要します。給与削減等のいわゆる不利益変更を行う場合、専門家の意見を聴きながら見直すことが重要です。

⑶　解雇・退職

解雇に関する条項は、解雇権行使の根拠となる解雇事由が具体的に規定されていることが重要です。過去の事例や現状で問題となっている事象を参考に、学校が必要な時に解雇権を発動しやすい条項を取り入れることも検討してください。退職についても、休職期間満了など、当然に退職となるべき事由を明確にしておきましょう。

⑷　懲戒

懲戒に関する条項も、具体的に規定されていることが重要です。懲戒は、労働契約に基づき使用者が有する懲戒権の行使であるため、就業規則に記載のない事由に基づく処分は認められません。懲戒の種類や程度を具体的に規定しておきましょう。

⑸　服務

服務に関する条項には、職場の秩序維持のため労働者に順守させたい事項を定めますが、その違反は⑶、⑷の解雇・退職や懲戒の具体的な理由と位置づけられることが一般的です。今後は規律が必要と思われるものは、条項への追加を検討してください。

⑹　育児・介護休業規定

育児・介護休業規定の改訂が法改正に追いついていない例が散見されます。令和4年10月1日施行の育児・介護休業法では、産後パパ育休制度が創設され、子の出生後8週間以内に4週間まで休業可能になった他、男女ともに、それぞれ2回まで育児休業の分割取得が可能となりました。今後も法改正に応じた改訂が必要になるため注意が必要です。

Q **教員の長時間勤務の見直し**
070
教員の長時間勤務を見直すにはどのようにしたらよいで
しょうか。

A 学校や教員が担う業務を見直し、効率化や負担軽減が
070 図れる業務を検討しなければなりません。まずは管理職
を含めた全教職員の勤務実態を把握することから始めましょう。

解説

1　学校における働き方改革

　令和5年4月28日付で文部科学省初等中等教育局が公表した「教員勤務実態調査（令和4年度）の集計（速報値）について」によれば、平成28年度の前回調査と比べ教員の在校等時間は若干減少したようですが、平日1日当たりの平均は10時間を超えており、依然として長時間勤務が常態化し、働き方改革が必要な状況にあることが分かります。「新しい時代の教育に向けた持続可能な学校指導・運営体制の構築のための学校における働き方改革に関する総合的な方策について（答申）」（平成31年1月25日付中央教育審議会）では、勤務時間管理の徹底と勤務時間・健康管理を意識した働き方改革の促進、学校及び教員が担う業務の明確化・適正化についての提言等が掲げられています。「学校における働き方改革に関する取組の徹底について（通知）」（同年3月18日付文部科学省）では、各教育委員会及び各学校が取り組むことが重要と考えられる方策等が通知されています。

　その業務は本当に学校が行う必要がある業務なのか、本当に教員が担う必要がある業務なのか、教員が担う業務としても効率化や負担軽減はできないのかという視点から、業務の役割分担・適正化について検討することが必要です。

2　学校や教員が担うべき業務

学校や教員が担うべき業務は、①学習指導要領等を基準として編成された教育課程に基づく学習指導、②児童生徒の人格の形成を助けるために必要不可欠な生徒・進路指導、③保護者・地域等と連携を進めながら、教育課程や生徒指導の実施に必要な学校経営や学校運営業務と考えられています。しかし、教員は、こうした業務に加え、児童生徒の登下校に関する対応、放課後から夜間における見回り等の関連業務についても、範囲があいまいなまま行っている実態があります。

3　教員の業務の負担軽減

教員が行っている業務の中には、教員が業務の主たる担い手であるとしても、スクールカウンセラーや部活動指導員等の専門スタッフとの役割分担や地域との連携・協働によるべき業務も少なくありません（部活動指導員の地域移行に関し詳細はQ071参照）。

授業や学校行事の運営等においても、業務の本質的な部分に教員が集中できるよう、授業で使用する教材の印刷や物品の準備、理科の授業における実験や観察の準備、学習評価や成績処理に関する業務のうち宿題の提出状況の確認などの補助的業務につき教員と連携するサポートスタッフを雇用すること、ICT設備・OA機器の導入・更新、児童生徒の指導に直接関わらない業務についての外部人材の活用などが考えられます。

4　勤務実態・勤務時間の管理

教員の業務の負担軽減を図る前提として、まずは現在の勤務実態・勤務時間を把握しなければなりません。教員の勤務時間の管理方法について、「労働時間の適正な把握のために使用者が講ずべき措置に関するガイドライン」は、原則として使用者が自ら現認するか、タイムカード、ICカード、パソコンの使用時間等の客観的な記録を基礎として確認するものとし、自己申告制は厳格な要件の下、許容される例外的な方法としています。勤務実態・勤務時間を正確に把握し、効率化や負担軽減が必要な業務を見極めましょう。

> **Q**
> ....
> **071**
>
> **部活動の労働時間該当性**
> 部活動による業務負担の軽減が推奨される昨今です
> が、中にはどうしても部活動がやりたいと懇願してくる熱心な
> 教員もいます。どのように対処すればよいでしょうか。

> **A**
> ....
> **071**
>
> 労働契約上の業務として部活動の顧問・監督等を命じ
> る場合には、部活動中も労働時間となります。部活動
> は教員の長時間勤務の原因となることを念頭に対策を検討する
> ことが必要です。

解説

1 働き方改革

　教員の長時間労働はこれまでも問題になっていましたが、学習指導要領の
改訂に伴う対応や不登校児童生徒数の増加、新型コロナウイルス感染症対策
のための対応等によって、負担はますます増加し、働き方改革の推進が急務
となっています。中でも、中学校等の教員の長時間勤務の原因の一つとして
挙げられているのが、部活動です。中学校等の運動部活動においては、競技
経験のない教員が指導せざるを得ない、休日も含めた運動部活動の指導や大
会への引率、運営への参画が求められるなど、大きな業務負担となっている
実態がうかがえます。

2 部活動の在り方

　昨今、運動部活動の改革が進められておりスポーツ庁「運動部活動の在り
方に関する総合的なガイドライン」（平成30年）においては、学期中は、週当
たり2日以上の休養日を設けることや、1日の活動時間は、長くとも平日では

2時間程度とすること、また、保護者の理解と協力を得つつ、地域のスポーツ団体との連携、民間事業者の活用等により、スポーツ環境整備を進めることなどが求められています。

　また、「運動部活動の地域移行に関する検討会議提言」（令和4年6月6日）においては、令和5年度以降、休日の運動部活動から段階的に地域移行していくことを基本とし、学校の実情に応じて取り組むことが望ましいとされました。

3　残業の捉え方

(1)　私立学校の場合

　労働基準法32条により、原則として、1日に8時間、1週間に40時間を超えて労働をさせてはいけないこととなっています。週休2日制で1日の所定労働時間が午前8時から午後5時の8時間（休憩1時間）の場合、午後5時を過ぎて勤務した分は「残業」（時間外労働）となりますが、時間外労働をさせるためには労働者の過半数で組織する労働組合又は労働者の過半数を代表する者との間で時間外・休日労働に関する協定（いわゆる36協定）を締結する必要があり、その場合でも上限（原則として1カ月45時間、1年360時間）を超えることはできません。

　また、時間外労働に対しては割増賃金（通常の賃金の2割5分以上）の支払いが必要です。

　部活動の顧問・監督等を業務として行わせる場合、部活動自体や部活動後に授業準備等が行われることによって、長時間の時間外労働が恒常的に発生する可能性があります。適切に労働時間の管理を行い、過剰な勤務や割増賃金の発生を抑える方法として、変形労働時間制の導入、残業の許可制、振替休日や代休（時間代休）の活用などの工夫を取り入れ、就業体系や賃金体系を見直すことも一つの手段です。

(2)　公立学校の場合

　公立の義務教育諸学校等の教育職員の給与等に関する特別措置法（給特法）により、時間外勤務手当及び休日勤務手当の支給はありません。代償措置として給料月額の4%を基準として条例で定めるところにより教職調整額が支給されることとなっています。

効果的な変形労働時間制

人件費削減の対策として、いわゆる「変形労働時間制」
を採用する予定です。法律上定められている変形労働時間制
の種類のうち、何が最も効果的でしょうか。

学校法人には基本的に1年単位の変形労働時間制が適
しています。

解説

1 変形労働時間制の種類

労働基準法上、労働時間は1日8時間、1週間40時間を超えることはでき
ません（同法32条）。

しかし、繁忙期の所定労働時間を長くする代わりに、閑散期の所定労働時
間を短くするといったように、業務の繁閑や特殊性に応じて、工夫しながら
労働時間の配分等を行うことができる制度として、変形労働時間制があります。

同法上は、①1カ月単位の変形労働時間制、②1年単位の（正確には、1カ
月を超え、1年以内の）変形労働時間制、③1週間単位の非定型的変形労働時
間制の3種類があります。学校実務で利用されるのは①、②のどちらかです
（③は業種が限定されており、学校法人には適用できません）。①の場合は就
業規則の定め、②の場合はこれに加えて労使協定が必要です。

2 労働時間の設定方法

変形労働時間制と聞くと、学校が自由に労働時間を設定できるという印象
を受けますが、これは全くの誤解です。変形労働時間制は、使用者に自由な
労働時間決定権を付与するものではありません。始業・終業時刻をあらかじ

め定めなければならない（同法施行規則5条1項2号）のは、変形労働時間制でも変わらず、就業規則には、「変形のパターン」として始業・終業時刻をあらかじめ定めなければなりません。なお、学校法人の就業規則には変形パターンが規定されておらず、「学校が必要に応じて始業・終業時間を繰り上げ、又は繰り下げることができる」などと定めているのみで、具体的な始業時刻・終業時刻が定められていない場合がありますが、これでは不十分です。

3　1年単位の変形労働時間制

　学校法人は、一般企業と異なり、学期中の繁忙期と夏休みや冬休みなどの閑散期が1年単位で繰り返されるという特殊性がありますので、1年単位の変形労働時間制に適していると言えます。1年単位の変形労働時間制では、①1年間の総労働時間が2085.7時間（うるう年は2091.4時間）以内であること（＝1年間を平均し週40時間を超えないこと）が必要であり、さらに、②1年間の労働日数の上限は280日、③1日の労働時間の上限は10時間、④1週間の労働時間の上限は52時間、⑤対象期間を3ヵ月ごとに区分した各期間において労働時間が48時間を超える週は週の初日で数えて3回以下であること、⑥連続労働日数は原則、最長6日までであることが条件となります。

　労働時間の定め方は、学校における労務管理の要になるところですので、専門家とよく相談して検討すべきです。なお、具体的な所定労働時間については、年間カレンダーを用いて特定するのが一般的です。下記にその一例を挙げますので参考にしてください。

期間		始業・終業	労働時間 ※休憩1時間	暦日数	休日	労働日数	総労働 時間
始期	終期						
4月1日	7月20日	8:00～18:00	9	111	35	76	684
7月21日	8月31日	8:00～15:30	6.5	42	17	25	162.5
9月1日	12月21日	8:00～18:00	9	112	36	76	684
12月22日	1月6日	8:00～15:30	6.5	16	13	3	19.5
1月7日	3月15日	8:00～18:00	9	68	20	48	432
3月16日	3月31日	8:00～15:30	6.5	16	7	9	58.5
			総計	365	128	237	2040.5

振替休日における割増分の支払い

教職員の休日出勤について、「振替休日」を取ることを
奨励し、これによって当該休日出勤分の賃金を払わないという
取り扱いはできるでしょうか。

A
073

「振替休日」を利用すれば、割増賃金の支払いは不要
です。しかし、「代休」の場合には割増賃金の支払いが
必要となるため注意が必要です。

解説

1 振替休日とは

　いわゆる「振替休日」とは、あらかじめ休日と定められていた日を労働日と
し、その代わりに他の労働日を休日とすることを言います。これにより、あら
かじめ休日と定められていた日が「労働日」となり、その代わりとして振り替
えられた日が「休日」となるため、もともとの休日に労働させた日については
「休日労働」とはならず、休日労働に対する割増賃金の支払義務も発生しませ
ん。振替休日とするには、①就業規則に振替休日の規程を置くこと、②振替
休日を特定すること、③振替休日は4週4日の休日が確保される範囲のできる
だけ近接した日とすること、④振替は前日までに通知することが必要とさ
れています。

　他方、振替休日と混同されがちなのが、いわゆる「代休」です。代休とは、
休日労働が行われた場合に、その代償として以後の特定の労働日を休みと
するもので、前もって休日を振り替える振替休日とは異なります。代休の場
合には、もともとの休日に労働させた日については「休日労働」のままであり、
休日労働に対する割増賃金の支払義務が発生します。

2　具体的な賃金計算

　1日8時間労働で週休2日制（土日休日）を採用する場合における幾つかの事例を考えてみます（日曜日を週の1日目とします）。

(1)　同じ週で振り替えた場合

　ある週の日曜日に出勤させ、同じ週の水曜日に振替休日を与えた場合、日曜日に出勤した分については「休日労働」とはならず、休日労働としての割増賃金を支払う必要はありません。そして、日曜出勤分「時間単価[注1]（1.00倍）×8時間」が水曜欠勤分「時間単価（1.00倍）×8時間」と計算上差引相殺され、また、同じ週に振替休日を与えているので当該週の総労働時間は40時間の枠内に収まることから、給与支給額に増減はないことになります。

(2)　翌週に振り替えた場合

　ある週の日曜日に出勤させ、翌週の水曜日に振替休日を与えた場合、日曜日に出勤した分については「休日労働」にはなりませんが、振替休日が翌週になっているため、日曜出勤した週は6日間勤務したことになり、当該週の勤務時間が48時間となります。そうすると、6日目の勤務日である金曜日は、40時間を超えた時間外労働となり、割増賃金を含めた「時間単価×1.25倍×8時間」を支払う必要が生じます。他方、翌週水曜日が、労働日から休日に振り替えられたので、水曜欠勤分「時間単価（1.00倍）×8時間」が計算上差引相殺され、金曜日の割増部分である「時間単価×0.25倍×8時間」のみ増額して支払う必要が生じます。

(3)　翌給与計算月に振り替えた場合

　翌給与計算月に振り替えた場合は、当月において(2)のような振替休日分の計算はできないため、当月は日曜出勤した週の時間外労働について「時間単価×1.25倍×8時間」を全額支払わなければならず、翌給与計算月において振り替えた休日分「時間単価（1.00倍）×8時間」を控除することとなります。

注1　所定労働時間の労働に対して支払われる1時間当たりの賃金額

振替休日・代休と時間外労働手当の支払義務

法定労働時間を超過した時間外労働が発生した場合
に、この時間外労働と同じ時間、別の勤務日に休んでもらえば
割増賃金を支払わなくて済むのでしょうか。

当該時間外労働と同じ時間、別の勤務日に時間代休を
取得しても、割増賃金の支払義務は免れません。

解説

1 時間外労働に対して時間代休を付与する 制度について

　教職員が法定労働時間を超過して時間外労働した場合、その労働に対して
割増賃金の支払義務が生じます (労働基準法24条1項)。

　そこで、時間外労働と同じ時間、別の勤務日に時間単位の代休 (時間代休)
を無給で取得させることで、計算上、割増賃金から時間代休分を控除するこ
とは可能です。ただし、その場合でも、割増部分の支払義務は残ります。

　なお、時間代休を制度化する場合には、就業規則に条件や賃金の取り扱い
等を明記する必要があります。

2 給与の計算方法

　賃金計算については、若干注意が必要です。単純に考えると、時間外労働
をした時間分休んでいるのだから、当該時間外労働分の賃金はすべて帳消し
になるようにも思えます。しかし、時間外労働に対しては、同法37条に従っ
た割増賃金の支払いが必要であり、時間単価×代休取得時間分のみ減額計算
される結果、依然として割増部分の支払義務は残ります。

　例えば、ある教職員が1日3時間の時間外労働を行ったとします。この場合の賃金計算は、次のようになります。

時間単価 × 1.25 倍× 3 時間 …①

　そして、次の日に時間代休を取得し、定時より3時間早く帰宅したとします。この3時間分を無給とした場合（無給とする場合には、その旨、就業規則に定めておく必要があります）、その減額分の計算は、次のようになります。

時間単価 × 3 時間 …②

　この状況で、1カ月分の賃金を計算した場合、次のような計算式になります。

月額給与 ＋①−②

　したがって、この教職員に支払われる給与額は以下のとおりです。

月額給与 ＋（時間単価× 0.25 倍× 3 時間）

　このように、割増部分の支払義務が残る点には注意が必要です。

3　割増賃金の支払いに代えて休暇を与える制度

　同法37条3項により、1カ月60時間を超える法定時間外労働を行った労働者に対し、割増賃金の代わりに有給の休暇（代替休暇）を付与することができます。この制度は、1カ月60時間を超える法定時間外労働に対する割増率（5割）引き上げ（同法同条1項但書）による使用者側の負担増に配慮するとともに、労働者の健康を確保する趣旨と解されます。

　この制度を採用するには、過半数組合、それがない場合は過半数代表者との労使協定が必要となり、労使協定には、代替休暇の時間数の具体的な算定方法、代替休暇の単位、代替休暇を与えることができる期間などを定めることが義務付けられています。

いわゆる「固定残業代」の扱い

本学では、公立学校に倣って「教職調整手当」として、基本給とは別に月額給与額の4%を支払っていますが、いわゆる固定残業代と言えますか。

契約書や給与規程等に教職調整手当が時間外労働に対する対価として支払われる旨が明記されている等の事情があれば、固定残業代として認められます。しかし、性質が明確になっていないと基本給との合計額を基準に残業代が算定される恐れがあります。

解説

1 いわゆる「固定残業代」の意味

固定残業代とは、一般に、実残業時間にかかわらず、毎月一定の時間外労働を行ったものとみなして支給される賃金を指します。

公立の中学校や高等学校では、法律上、時間外労働手当が支給されない代わりに、各教職員の月額給与額の4%が「教職調整額」として支給されます（公立の義務教育諸学校等の教育職員の給与等に関する特別措置法3条1項2項）。

私立の学校でも、これに倣い、一定額を時間外労働手当（固定残業代）と位置付けて支給する例が多いようです。

2 固定残業代が認められる要件

固定残業代について労働基準法上の定めはありませんが、同法37条は、所定の方法により算定された額を下回らない額の割増賃金を支払うことを使用者に義務付け、これによって時間外労働等を抑制し、労働者への補償を行お

うとしています。これによれば、労働者に支払われる基本給や諸手当に、固定残業代をあらかじめ含めることにより割増賃金を支払う方法自体は認められると解されます。

その上で、平成30年7月19日最高裁判決は、固定残業代として認められる要件に関し、①「雇用契約に係る契約書等の記載内容のほか、具体的事案に応じ、使用者の労働者に対する当該手当や割増賃金に関する説明の内容」、②「労働者の実際の労働時間等の勤務状況などの事情」を考慮して判断すべき（固定残業代を上回る金額の時間外手当が法律上発生した場合にその事実を労働者が認識して直ちに支払いを請求できる仕組みが備わっていることまでは必須でない）としています。

そして、①雇用契約書や賃金規程等において、当該手当が時間外労働に対する対価として支払われる旨が記載されていたこと、②当該手当が1カ月当たりの平均所定労働時間を基に算定した実際の時間外労働等の状況と大きくかい離するものではないことを挙げ、当該手当は、時間外労働等に対する対価として支払われるものとされていたと認められるとして、固定残業代としての支払いを認めています。

3　留意点

固定残業代の支給額が実残業時間に相応する時間外労働手当の額を超えていれば問題ありませんが、不足する場合は、その不足分を時間外労働手当として支払わなければなりません。固定残業代を支払っていれば、残業代を逐次計算しなくて済むと考えている方もいるようですが、実残業時間から計算される時間外労働手当と比較し、不足がないかどうかを確認しなければならないので、時間外労働手当の計算は避けられません。

また、固定残業代とする当該手当について、性質を明確にしておかないと、そもそも固定残業代を支払ったこと自体が否定され、固定残業代としたはずの手当を含めた額を基準に時間外労働手当を支払わねばならないとされる可能性があります。当該手当が固定残業代であることを契約書や給与規程等に明記し、教職員への説明等を行って、しっかり周知しておくことが重要です。

休日労働の範囲

休日出勤に対しては、通常の賃金を1.35倍して支払う
と聞いたのですが、法律上「休日労働」として扱わなければな
らない日はどのような日ですか。

A
076

労基法35条に定める「休日」（いわゆる「法定休日」）
のみです。

解説

1 「休日出勤」＝「休日労働」でない場合がある

　労働基準法（労基法）が定める休日労働（同法36条1項）は、あくまでも、
同法35条の定める「休日」、すなわち、1週間に1日確保しなければならない
とされている休日において労働した場合を言います。

　一般的に「休日」というと、いわゆる週休2日制上の土曜日、日曜日や国民
の祝日をイメージされると思いますが、同法35条は、単に「毎週少なくとも1
回の休日を与えなければならない」と規定しているだけなので、曜日はどの曜
日でも問題なく、週の休日の何れか1日を同法35条の休日と捉えればよいと
いうことになります。

　そして、同法が定める最低1.35倍の割増賃金は、あくまで、同法35条に定
める「休日」における労働に求められるものであり、それ以外の日で、学校が
就業規則などで定める休日における労働にまで1.35倍の割増賃金を支払うこ
とは求められていません。

　このように、就業規則上の「休日」に出勤したからといって、すべて同法の「休
日労働」（同法36条1項）に該当するわけではありません。

2　法定休日と所定休日の区別

　一般に、同法が定める「休日」を「法定休日」と呼び、それ以外に就業規則で定めた休日を「所定休日」と呼ぶことがあります。これらを明確に区別することは、割増賃金の計算上、非常に重要です。

　ただし、同法に法定休日と所定休日をどのように区別するかの基準はありませんので、学校が任意に選択することができます。

　例えば、週の休日のうち日曜日を「法定休日」と固定し、それ以外の休日を「所定休日」とする方法が考えられます。また、曜日を固定せずに、学校が任意に選択した休日を「法定休日」とし、その日の労働を法定休日労働として扱う方法も考えられます。また、休日労働における割増賃金計算の簡便化を図るため、両者を区別せず、一律に1.35倍の割増賃金を支払う例もあります。

　いずれにせよ、「法定休日」と「所定休日」の区別を理解し、意識した上で、最終的に両者をどのように取り扱うかを定めることが重要です。

3　所定休日の扱い方

　法定休日に出勤すれば直ちに1.35倍の割増賃金が発生することになりますが、他方、所定休日に労働した場合は割増賃金が発生しない場合と発生する場合があるため注意が必要です。所定休日に労働した場合、法定休日労働としての1.35倍の割増賃金は発生しません。しかし、「週40時間」という同法32条の上限を超えていれば、同法37条1項により1.25倍の割増賃金が発生します。

　例えば、週の初日を日曜日とし、法定休日を固定せず、土日を休日としている場合、日曜日に休日が取れていれば、それによって1週間に1日の休日は確保されているので、土曜日に出勤しても法定休日労働とはならず、1.35倍の割増賃金を支払う必要はありません。ただし、月曜日から金曜日まで、1日8時間労働したのであれば、金曜日の時点で週40時間働いたことになります。そうすると、土曜日の出勤は、「週40時間」の枠を超えた時間外労働になり、同法37条1項により、1.25倍の割増賃金を支払う義務が生じます（週40時間を下回る場合は、1.00倍となります）。

Q 077 修学旅行における出張手当と時間外労働手当

本学では、修学旅行を引率した教職員に対して、「出張手当」のみ支給し、時間外手当を支給していませんが、どのような問題があるでしょうか。

A 077

修学旅行の引率は、時間外手当の支給対象となり、出張手当とは別に、時間外手当の支払いが必要になる可能性があります。

解説

1 出張は「時間外労働」となるか

出張は、労働基準法（労基法）上「事業場外で業務に従事した場合」（同法38条の2）に該当します。この場合において、「労働時間を算定し難いとき」に該当するのであれば、「所定労働時間労働したものとみなす」ことになります。つまり、「労働時間を算定し難いとき」に該当するのであれば、所定労働時間だけ労働したものとみなされ、時間外手当は発生せず、時間外手当を支給しないことは違法になりません。では、「労働時間を算定し難いとき」に該当するのはどのような場合でしょうか。

2 判断基準

(1) 昭和 63 年 1 月 1 日基発 1 号（現厚生労働省通知）

事業場外労働に関するみなし労働時間制の対象となるのは、「事業場外で業務に従事し、かつ、使用者の具体的な指揮監督が及ばず、労働時間を算定することが困難な業務」です。したがって、事業場外で業務に従事する場合であっても、使用者の具体的な指揮監督が及んでいる場合については、

労働時間の算定が可能であり、みなし労働時間制の適用はありません（例えば、何人かのグループで事業場外労働に従事する場合で、そのメンバーの中に労働時間の管理をする者がいる場合や、事業場外で業務に従事するが、無線や携帯電話等によって随時使用者の指示を受けながら労働している場合、事業場において、訪問先、帰社時刻等当日の業務の具体的指示を受けた後、事業場外で指示どおりに業務に従事し、その後、事業場に戻る場合など）。

(2)　判例

　東京高裁平成23年9月14日判決は、「労基法38条の2第1項にいう『労働時間を算定し難いとき』とは、就労実態等の具体的事情を踏まえ、社会通念に従い、客観的にみて労働時間を把握することが困難であり、使用者の具体的な指揮監督が及ばないと評価される場合をいう」と判示し、指揮監督の可否について「客観的に」判断することを求めています。本事案でも、修学旅行は、通常、具体的なスケジュールがあらかじめ定められていることから、みなし労働時間制を適用することは難しいでしょう。そのため、実労働時間に応じた時間外手当の支払いが生じる可能性がありますが、これを可及的に削減するには、修学旅行を引率する教職員間で、移動時や夜間に休憩時間を適時設定するシフト制を採用するなどの工夫が考えられます。

3　出張手当の扱い

　では、出張の実労働時間に対して支払う賃金として、所定労働時間を超過した部分に対して「時間外手当」ではなく、「出張手当」として支払った場合、法的にはどのような評価になるのでしょうか。この点、判例注1の中には、「出張日当は労働時間という観点よりもむしろ遠方に赴くことを重視していると言えるから、時間外労働に対する割増賃金の性格を持つとするには疑問がある」と判示し、時間外手当から出張手当の控除を否定したものがあります。必ずしも出張手当が時間外手当に充当されるものではないという点は注意が必要です。出張手当が固定残業代と認められるための要件については、Q075をご参照ください。

【参考判例】注1　大阪高判平成12年6月30日

Q **078**

出張における移動時間の労働時間該当性

出張における実労働時間の算定の際に、例えば、早朝に自宅から出張先に直行し、深夜に出張先から自宅に直帰した場合、自宅を出てから帰宅するまでがすべて労働時間となるのでしょうか。

A **078**

出張に伴う単なる移動時間は、原則として労働時間にはなりませんが、当該移動時間の実態によっては労働時間となり、給与を支給する必要がある場合があります。

解説

1 移動時間は労働時間か

出張については、労働時間を把握することが可能で、みなし労働時間制が適用されない場合、実労働時間を基準に給与計算する必要がありますが、悩ましいのが移動時間です。移動時間中は、仕事をすることも可能ですし、しないことも可能です。また、移動そのものが業務の一環と評価できる場合もあります。

2 労働時間該当性の判断基準

労働時間は、労働者が、雇用契約に基づき、使用者に対して役務を提供することが義務付けられた時間であり、使用者の指揮命令・監督下にある時間は「労働時間」となります。

そうすると、移動時間も、使用者の指揮命令・監督下にあれば労働時間となり、それ以外の場合は労働時間ではないということになります。

3　具体例

　移動中の指揮命令・監督については、「出張中の休日はその日に旅行する等の場合であっても、旅行中における物品の監視等別段の指示がある場合の外は休日労働として取扱わなくても差支えない」(昭和33年2月13日基発90号)とされているように、別段の指示があり使用者の指揮命令・監督下にあると言える場合は労働時間に該当するが、そうでなければ、労働時間にはならないと一般的に考えられています。

(1)　東京地裁平成24年7月27日判決は、出張における移動時間を労働時間として時間外手当を請求した事案において、「『労基法上の労働時間』に該当するか否かの判断は、①当該業務提供の有無、②労働契約上の義務付けの有無、③場所的・時間的拘束性(労務の提供が一定の場所で行うことを余儀なくされ、かつ時間を自由に利用できない状態)の有無・程度を総合考慮した上、社会通念に照らし、客観的にみて、当該労働者の行為が使用者の指揮命令下に置かれたものと評価することができるか否かという観点から行われるべきものである」と判示し、次のように判断しました。

①出張に伴う単なる移動

　「果たすべき別段の用務を命じられるなど、具体的な労務に従事していた」とは言えないので、労働時間とならない。

②出張先での納品物の運搬を伴う移動

　「納品物の運搬それ自体を目的としており、したがって、無事支障なく出張先まで納品物を運び込むこと」が「出張の用向き」であるから、労働時間となる。

③ツアーの引率業務としての移動

　「バス・航空機内でのこととはいえ、引率業務のサポートという具体的な労務の提供を伴うものであると推認される」ので、労働時間となる。

(2)　東京地裁平成20年2月22日判決は、出勤状況や作業の指示状況から、事務所への立ち寄りを実質的に指導されており、事務所から現場へ移動する時間及び現場から事務所に戻る時間も労働時間になると判示しています。

Q
079

労働契約法改正と無期雇用への転換

労契法上の無期転換ルールにより、有期雇用契約の通算雇用期間が5年を超えた労働者が無期転換権を行使すると、契約が無期契約になると聞きましたが、それは非常勤講師が常勤（専任）講師になるということでしょうか。

A
079

常勤（専任）・非常勤という概念と、無期雇用・有期雇用という概念は全く別物です。有期雇用から無期雇用への転換は、契約期間が「期間の定めのない」ものになるだけで、その他の労働条件に変更はありません。

解説

1 無期転換権の付与

労働契約法（労契法）上の無期転換ルールにより、同一の使用者との間で結ばれた二つ以上の有期雇用契約の通算雇用期間が5年を超えた場合、労働者に無期転換権が付与され、労働者がこれを行使する旨を意思表示すると、有期雇用契約が無期雇用契約に転換します（同法18条1項）。

2 常勤（専任）・非常勤の区別と無期雇用・有期雇用の区別

常勤（専任）・非常勤の区別は、無期雇用・有期雇用の区別と混同されがちですが、無期雇用・有期雇用は、通常、契約期間の定めの有無のみで区別され、それ以外の労働条件は不問です。

これに対し、常勤（専任）・非常勤は、契約期間の定めによって区別されているのではなく、持ちコマ数、担任の有無、生活指導主任等の役職の有無、クラブ活動指導の有無など、校務分掌の負担や勤務時間の違いによって区別

されています。

　そのため、有期雇用の非常勤講師が無期雇用になったとしても、持ちコマ数、担任の有無などの労働条件は変化せず、あくまで「非常勤講師」のままであり、無期転換権を行使されたからといって、当該非常勤講師のコマ数を増やし担任業務を与えるなどして、常勤(専任)講師と同じ労働条件にする義務はありません。

　なお、労働者が無期転換権を行使した場合、契約期間が無期になるのは、現在の有期雇用契約の期間が満了した日の翌日からです。

3　無期雇用に転換した非常勤講師に想定される問題

(1)　定年

　非常勤講師は、有期雇用のため、一般的には定年規定が定められていないことが多いですが、無期雇用への転換に当たり、定年を設定しておかないと、「定年なしの無期雇用」を生むことになります。常勤(専任)講師の定年規定の「準用」などの規定を設ける必要があります。

(2)　コマ数の増減

　無期雇用転換後は、原則として最後の有期雇用契約と「同一の労働条件」となるので、非常勤講師の場合、最後の有期雇用契約上のコマ数や給与が定年まで保証されるという誤解を与えかねません。

　このような事態を避けるため、非常勤講師との雇用契約書に、あらかじめカリキュラムの都合等によりコマ数が増減されること、コマ数の増減に伴って給与が増減することを明記しておく必要があります。また、定年後再雇用の非常勤講師であっても、無期転換ルールの対象となるため、無期転換権を発生させないためには、特例認定を受ける必要があります。

(3)　就業規則の適用関係

　前記のとおり、無期雇用への転換後も、非常勤講師には非常勤講師の就業規則を適用することになります。そのため、必要に応じて、「無期雇用の非常勤講師」のみを対象とした新たな就業規則を制定したり、常勤(専任)の就業規則を一部準用する旨を非常勤講師の就業規則に明記しておきましょう。

Q

080

無期転換権との付き合い方

労契法に基づく無期転換権が行使されると、人材の流動性がなくなり、よりよい教職員を探し求める学校の採用活動に支障が出ることを危惧しています。無期転換権とうまく付き合う方法を教えてください。

A

080

無期転換権が発生するまでに人材を見極め、早期に判断することがポイントです。また、前提として、非常勤教職員は契約期間の満了に伴い契約が終了することを周知徹底しておくことが重要です。

解説

1 無期転換ルールの捉え方

無期転換ルールの趣旨は、一言で言うと「有期雇用労働者の雇用安定」であり、有期雇用労働者を保護することを目的としています。学校としても、熱心で、生徒や学生、保護者からの信頼が厚い教職員には、長期間安定した地位で勤務してもらいたいと考え、積極的に非常勤教職員の無期転換権行使を受け入れることになろうかと思われます。

他方、学校が無期転換を希望しない非常勤教職員であった場合、無期転換権が発生する前にいわゆる雇止めを検討する必要が生じます。

学校としては、無期転換権が発生するまでに人材を見極め、無期雇用の教職員にしてもよいかどうか早期に判断すべきということになります。

2　具体的な対応策

(1)　無期雇用の教職員にふさわしいと判断した場合

　学校が無期雇用の教職員にふさわしいと判断した場合、積極的に無期雇用教職員として受け入れ、必要に応じて契約をし直すなどの手続をすることとなります。なお、無期転換権は、あくまで非常勤教職員から行使の「意思表示」が必要なため、本人が希望しない場合は有期雇用のままです。そのため、学校として必要な人材であると判断した場合は、無期雇用での契約を提案するなど、学校から積極的な対応をすることも考えられます。

　また、無期雇用となった非常勤教職員を、どのような雇用形態で雇用するかですが、①労働条件をこれまでと変えずに、雇用期間のみ「無期」とする、②専任教職員への昇格試験を設け、試験通過を条件に専任にする、③「無期の非常勤教職員」として、新たな雇用形態を創設する、などの対応が考えられます。

(2)　無期雇用の教職員にふさわしくないと判断した場合

　他方、勤務態度不良や能力不足、学校の教育方針と合わないなど、無期雇用の教職員にふさわしくないと判断した場合、無期転換権が付与される前に雇用契約を終了させる必要があります。この場合、雇用期間の満了時に契約を更新しない、「雇止め」をすることになります。雇止めをする場合、原則として、有期労働契約が3回以上更新されているか、1年を超えて継続して雇用されているときは、契約期間満了日の30日前までに、その予告をする必要があります。また、反復更新の実態などから、実質的に期間の定めのない契約と言える場合や（労働契約法〈労契法〉19条1号）、雇用の継続を期待することが合理的であると考えられる場合（同法同条2号）、いわゆる「雇止め法理」が適用され、雇止めをすることに、客観的・合理的な理由がなく、社会通念上相当であると認められないときは雇止めが認められず、従前と同一の労働条件で有期雇用労働契約が更新されます。雇止め法理が適用されるか否かについては、以前の契約期間や更新回数の実績、契約期間や更新の要件・上限等についての定め方、更新手続の厳格さ、雇用継続を期待させる言動の有無や程度等により判断されます。

無期転換権の発生が10年後となる場合

無期転換権申込権が発生するまでの期間を5年でなく、10年とすることができるのはどのような場合ですか。

A 教員任期法や科技イノベ活性化法の要件を満たす場合です。具体的条件等は、大学が任用基準等で明確化します。

解説

1　教員任期法による場合（7条1項、4条1項、5条2項）

　労働契約法（労契法）18条により、有期雇用契約を締結した教員は、原則として、雇用契約期間が通算して5年を超える段階で無期転換権を取得します。しかし、多様な人材を受け入れ、教育研究の充実化を図るべく、大学の教員等の任期に関する法律（教員任期法）は、一定の条件を満たす教員について、労契法18条に定める5年の期間を10年に延期する旨を定めています。適用条件は、以下のとおりです。

---

①雇用する大学の教員について、次の各号のいずれかに該当すること

　(1)　先端的、学際的又は総合的な教育研究であることその他の当該教育研究組織で行われる教育研究の分野又は方法の特性に鑑み、多様な人材の確保が特に求められる教育研究組織の職に就けるとき

　(2)　助教の職に就けるとき

　(3)　大学が定め又は参画する特定の計画に基づき期間を定めて教育研究を行う職に就けるとき

　※「大学の教員」とは、大学の教授、准教授、助教、講師及び助手を指します（教員任期法2条）。

②教員の任期に関する規則を定めていること

2　科技イノベ活性化法（15条の2第1項）

　前記の教員任期法と同様に労契法18条の5年を10年に延期しているのが科学技術・イノベーション創出の活性化に関する法律（科技イノベ活性化法）で、具体的な対象者は、以下のとおりです。

---

(1)　研究者等であって研究開発法人又は大学等を設置する者との間で有期労働契約を締結したもの

(2)　研究開発等に係る企画立案、資金の確保並びに知的財産権の取得及び活用その他の研究開発等に係る運営及び管理に係る業務（専門的な知識及び能力を必要とするものに限る・以下「運営管利に係る事務」という）に従事する者であって研究開発法人又は大学等を設置する者との間で有期労働契約を締結したもの

(3)　共同研究開発等の業務に専ら従事する研究者等であって当該試験研究機関等、研究開発法人及び大学等以外の者との間で有期労働契約を締結したもの

(4)　共同研究開発等に係る運営管利に係る事務に専ら従事する者であって当該共同研究開発等を行う試験研究機関等、研究開発法人及び大学等以外の者との間で有期労働契約を締結したもの

3　判例

(1)　令和4年1月31日大阪地裁判決及び令和4年1月27日東京地裁判決は、いずれも大学講師に教員任期法が適用され雇用期間が5年を超えても無期転換権を認めなかった事例ですが、前者は雇止めが有効とされ、後者は契約更新への期待に合理的理由があることを理由に雇止めが無効とされています。なお、前者では、10年特例の適用に労働契約締結時ないし更新時の特別な説明や同意等は不要と判示されました。

(2)　令和3年12月16日東京地裁判決は、科技イノベ活性化法の「研究者」は、研究開発及びこれに関連する業務に従事することを要するとし、ドイツ語の授業、試験及びこれらの関連業務のみで研究業務に従事していないドイツ語の非常勤講師は、適用対象外と判断しました。

コマ数の削減と給与の減額

Q 082

非常勤講師との雇用契約時に「■コマで年俸●円」と給与を決めていますが、履修者がいない等の理由で当該授業の開設自体ができなくなりました。この場合、契約書記載の給与を減額できますか。

A 082

契約書上、コマ数に応じて給与が増減することが明示されていれば、給与を減額することが可能です。

解説

1 契約期間の途中での給与減額の可否

給与は、労働の対償であり（労働基準法11条）、雇用契約において具体的な金額が定められます。雇用契約で定められた給与を変更するには、原則として、その教員の「承諾」が必要であり、一方的に減額をすることはできません（労働契約法8条、9条）。

2 契約書の定め方

授業が開設できない等の理由で給与を減額する場合、教員の承諾が必要となりますが、必要が生じるたびに逐一教員側と協議を行って減額交渉を行うのは極めて煩雑です。そこで、契約締結の段階で、あらかじめ教員の承諾を得ておく方法が考えられます。

例えば、雇用契約書において、「ただし、前記コマ数は学校の事情により増減する場合があり、その場合はコマ数に応じて給与が増減する」などの文言があれば、教員がコマ数の減少及び給与減額の可能性をあらかじめ承諾していることになるので、適法に給与の減額が可能です。ただし、具体的にどの

程度の減額になるのかについては、当事者間でトラブルの原因になる可能性がありますので、1コマ当たりの単価を契約書に明示するなどして、減額の計算が一義的に可能となるようにしておくべきです。これに対し、契約書に給与増減に関する明示的な記載がなく、単に「■コマ　年俸●円」という記載だけでは、当然にコマ数に応じた増減が予定されているとは言えないため、当該教員と協議して解決するのがよいでしょう。

3　更新契約における減額の可否

　契約期間が満了し、契約更新する時点で前の契約よりも給与を減額する場合、前の契約書において、コマ数が増減し、コマ数に応じた給与の増減があり得る旨の記載があれば、これに基づきコマ数を減らして給与を減額した更新契約を締結することが可能です。また、更新時に協議の上、給与について前の契約とは異なる条件で契約することも可能です。他方、前の契約書にコマ数増減に関する記載がない場合、従前と同じコマ数が保証されるとの誤解を与え、トラブルとなる可能性があるため注意が必要です。

4　解雇・雇止めの可否

　本事案のように担当授業の開設が不能となった場合、減給にとどまらず、雇用関係そのものを終了させる、つまり、解雇・雇止めをする考え方も出てくると思います。

　一般に、解雇・雇止めをする際は、他の業務への転属など、雇用主としてできる限り雇用関係を継続させる努力をしたかどうかが解雇・雇止めの合理性を判断する一つの重要な要素となります。本事案のような非常勤講師の場合、特定の講座・授業のみを任されて雇用契約を締結しているため、当該講座・授業自体が開設できないとなれば、解雇・雇止め以外に対応のしようがなく、その合理性が認められやすくなると思われます。もっとも当該授業が開設できなかった経緯等について、客観的な資料に基づく合理的な説明ができるようにしておく必要があります。

Q
083

特別講師の給料の支払先

本学では、企業から特別講師を招いた特別授業をカリキュラムとして用意していますが、ある企業から、特別授業の対価は、講師本人ではなく企業に支払ってほしいと要請されました。この要請に応じた場合に法律上生じ得る問題としてはどのようなものがありますか。

A
083

特別授業の対価の支払先は、契約の主体によって定まります。企業と業務委託契約を締結し、企業に業務委託料を支払うことはできますが、労働者派遣とみなされる恐れがある点には注意が必要です。

解説

1　契約主体と支払先の明確化

まず、契約段階において、契約主体と支払先を明確にしておくことが重要です。契約の主体が講師本人である場合、当該契約において講師本人を支払先として定めることが通常であり、その場合、学校は企業ではなく、講師本人に特別授業の対価を支払わなければなりません。他方、契約の主体が企業である場合、当該契約において企業を支払先として定めたのであれば、学校は企業に特別授業の対価を支払わなければなりません。学校が特別授業の対価を支払う相手方が誰になるのか、後日の紛争を防止するため、あらかじめ契約書で明確に定めておく必要があります。

2　講師本人と契約する場合の留意点

一般的な企業では、就業規則などに「専念義務」（＝兼業禁止規定）や「秘

密保持義務」などが定められていることが多く、このような場合、講師との契約が、講師が所属する企業との関係で専念義務違反ないし秘密保持義務違反となる恐れがあります。学校としては企業に所属する者を講師として招聘する場合、企業の規程に違反しないことを確認し、講師との契約において学校の免責条項を入れておくといった工夫が考えられます。

3 企業と契約する場合の留意点

　学校が講師に対して指揮命令を及ぼす場合、実質的に労働者派遣であると評価され、労働者派遣事業の適正な運営の確保及び派遣労働者の保護等に関する法律が適用される可能性があります。その場合、学校は派遣先として、労務管理責任を負い、労働災害が生じた場合の責任等を負うこととなります。また、同法上の義務として、派遣先責任者の選任、派遣先管理台帳の作成、苦情に対する適切・迅速な処理などについても責任を負うことになります。

　派遣と請負（業務委託）の区別については、厚生労働省から公表されている「『労働者派遣事業と請負により行われる事業との区分に関する基準』（37号告示）に関する疑義応答集」に具体例（定例の打ち合わせへの同席など）がありますので、これを参考に業務委託契約が実質的に「労働者派遣事業」と評価されないよう注意する必要があります。また、労働者派遣となる場合、派遣元が労働者派遣事業許可を得ている必要があるため（同法5条1項）、その確認が必要となることにも注意しましょう。

4 契約関係は明確に

　以上のように、外部企業などから特別講師を招聘する場合、契約関係を明確にしておかないと、賃金等の支払先、指揮監督命令権限の有無、労災の場合の対処の方法など、種々の問題に直面した際の指針が不明確になります。契約締結の際は、具体的事例に応じて適切な契約形態を選択して契約するように心掛けましょう。

労働組合がない学校の36協定の締結

36協定を締結することになりましたが、本学には過半数の労働組合がありません。どのように協定を締結すればよいか教えてください。

A
084
過半数代表者の選任を行い、選任された過半数代表者と36協定を締結します。

---

1 過半数代表者とは

　労働基準法36条に定める時間外及び休日の労働に関する協定（以下「36協定」）は、労働者の過半数で組織する労働組合がある場合はその組合と、ない場合は労働者の過半数を代表する者との書面により締結するものと定められています。本事案の場合は、労働者の過半数で組織する労働組合がないため、「労働者の過半数を代表する者」、すなわち過半数代表者と協定を締結することになります。

2 選出手続は「民主的手段」とすること

(1) 過半数代表者の対象者

　「労働者の過半数を代表する者」における「労働者」には、当該事業場で雇用されるすべての労働者が該当します。したがって、常勤・非常勤・専任等の区別は問いませんし、アルバイト、パートタイマー、さらには管理監督者の地位にある者もすべて「労働者」に含まれます。なお、これに対し、「代表」となり得る者は、「労働者」とは範囲が異なり、管理監督者は代表者になれません。

⑵　選出手続

　同法施行規則6条の2第1項2号は、過半数代表者について「法に規定する協定等をする者を選出することを明らかにして実施される投票、挙手等による手続により選出された者」であることが必要と定めています。

　そのため、選挙等の実施においては、36協定を締結するための代表者選出であることを明示して選挙を行わなければなりません。これは、過半数代表者が労働者の利益を代表する者であるところ、「いかなる利益のために選出されたのか」が明確でなければならない趣旨と解されます。したがって、具体的な協定の内容や目的を一切示さずに代表者を選出しても、「過半数代表者」と認められず、締結した協定は無効となります。

　次に、「投票、挙手等」という選出手段ですが、方法は投票や挙手に限られません。民主的・公平な方法で労働者の意思が反映されることが担保された方法であればよいのです。例えば、職場や部署ごとに決議して持ち回りにする方法や、協議の場を設けて決める方法が考えられます。

　なお、選出の際は、獲得した信任数が全有権者数の「過半数」となっているか注意して確認してください。例えば、選出の場に全有権者が集まっていない状況で過半数の信任を得ても、全有権者数との関係で「過半数」に満たない場合があります。その場合、当該候補者について、改めて信任投票を行うなどして、「過半数」の信任を得る必要があります。また、メールや学内イントラネットを用いて意向確認することは可能ですが、返信がない者を信任とみなす取り扱いは、労働者の過半数が選任を支持していることが必ずしも明確にならないとされています。返信がなかった労働者について、電話等により、直接意見を確認する等の措置を講じるべきとされている点、注意を要します（厚生労働省「労使協定方式に関するQ&A（集約版）」令和5年1月31日公表）。

　また、選挙の場合、公示期間や投票期間が短過ぎると、全有権者に投票の機会が与えられないと判断される可能性が高くなり、また、投票率低下の原因にもなるため、注意してください。

テレワーク出勤における注意点

新型コロナウイルス禍を契機として、近年、在宅勤務（テレワーク）が普及していますが、教職員に在宅勤務を命じる場合、注意すべき点は何でしょうか。

A 085

在宅勤務があることを労働条件として明示しておくことが必要です。また、在宅勤務であっても、労働時間管理や安全衛生の確保が求められます。

1 在宅勤務させるには

　在宅勤務の場合、使用者 (学校) は、労働条件として就業場所 (自宅、サテライトオフィス、使用者が許可する場所等) を明示しておくことが必要であり (労働基準法15条1項、労働基準法施行規則5条1項)、また、労務管理として労働基準法、労働安全衛生法等の労働基準関係法令を順守しなければなりません。そして、円滑に在宅勤務を実施するため、在宅勤務を命じることができる旨のほか、通信料の費用負担等、在宅勤務に関するルールを策定し、就業規則に規定して周知しておくことが求められます。

2 労働時間の把握

　テレワークの場合には、使用者が執務状況を現認する、あるいはタイムカードを用いることは難しいため、パソコンのログイン状況やオンライン会議への出席状況を確認する等の方法により労働時間を管理することとなります。客観的な確認手段を取ることが困難である場合には、在宅勤務者に始業時、終業時に自己申告してもらう、業務日報を提出してもらう等の方法が考

えられます。なお、勤務場所にいる時間だけでなく、別の勤務場所への移動時間などに情報通信機器を用いて業務を行うことは物理的に可能ですが、これらの時間について、使用者の明示又は黙示の指揮命令下で業務が行われれば労働時間に該当します。

3　時差勤務との併用

テレワーク実施予定の労働者が、使用者に対し、いわゆる中抜けとして、銀行等の私用のために休憩時間を1時間延長して終業時刻を1時間繰り下げたいと要請した場合、使用者がその要請を認め、いわゆる時差勤務させることも可能です。時差勤務させる場合には、始業時刻や終業時刻を繰り下げて所定労働時間を変更する場合があり得る（時差勤務とする場合がある）旨を就業規則に定めておくことが必要です。

4　長時間労働の抑制

テレワークによって労働実態が見えにくくなると、使用者が明確に認識しない状況下でも、物理的には作業が可能なために、労働者が業務を遂行せざるを得なくなり、結果的に長時間労働を招く恐れがあります。これについては、役職者から時間外、休日、深夜にメール送信することを自粛、時間帯によりシステムへのアクセスを制限、テレワーク下での時間外、休日、深夜労働原則禁止とする等の対策例が紹介されています。

5　自宅等でのテレワーク環境整備

自宅等でテレワークさせる場合、使用者は、事務所衛生基準規則、労働安全衛生規則及び「情報機器作業における労働衛生管理のためのガイドライン」の衛生基準と同等の作業環境となるよう、労働者に助言等を行うことが望ましいとされています。安定した椅子や一定の室温に保つ空調、操作しやすいマウス等が環境整備の例として挙げられています（厚生労働省「テレワークにおける適切な労務管理のためのガイドライン」参照）。なお、自宅でテレワーク中に作業用パソコン前の椅子に座ろうとして転倒してけがをした場合「業務上の災害」として労災保険給付の対象になるとされた例があります。

Q 086 教職員に対するインターネット上の誹謗中傷への法的措置

SNS上に、本学について「教員は暴力ばかり振るう最低の学校だ。入学者数も毎年激減している」など事実無根の誹謗中傷が書き込まれて困っています。どのような法的措置が取れるでしょうか。

A 086

SNS事業者等に対する削除請求が可能なので、その手続を取ることをお勧めします。また、発信者情報開示命令の申し立て等により投稿者を特定し、その者に対する不法行為（名誉毀損）に基づく損害賠償請求も考えられます。SNS事業者等に損害賠償請求ができる場合もあります。

解説

1 取りうる法的措置

本事案の書き込みは、学校の名誉権侵害に該当すると思われますので、学校は、SNS事業者等に対して投稿の削除請求を、投稿者に対して損害賠償請求を行うことが考えられます。

2 SNS事業者等に対する削除請求

学校の社会的評価を低下させる内容の投稿が公開され続けた場合には、時間の経過とともに情報が流通・拡散し、学校に回復困難な損害が生じる恐れあるので、SNS事業者等に対し、名誉毀損に該当する投稿の削除を請求することを検討すべきです。

まず、問題の投稿画面やURLなどの証拠を保全し、SNS事業者等に、直接、

投稿の削除を求めます。近時は、削除請求の窓口を設定しているSNS等も多く、SNS事業者等が任意に削除請求に応じる場合も少なくありません。

　SNS事業者等が削除請求に応じない場合は、弁護士等に依頼し、裁判所に対して、投稿記事削除の仮処分を申し立てます。本仮処分が認められるためには、一般的に故意・過失等の主観的要件は不要であり、名誉を違法に侵害している（受忍限度を超えて社会的評価を低下させている）ことで足りると解されています。本事案の書き込みは事実無根の社会的評価を低下させる内容であり、前記要件を満たす可能性が高いと言えます。

3　投稿者に対する損害賠償請求と発信者情報の開示

　本事案の書き込みは、学校の社会的評価を低下させるものなので、免責事由（刑法230条）の立証がない限り、名誉毀損による不法行為（民法709条、723条）が成立する可能性があり、学校は、投稿者に対して損害賠償を請求することが考えられます。

　この場合、投稿者の氏名、住所等の裁判に必要な情報はコンテンツプロバイダ（SNS事業者等）及び経由プロバイダ（インターネット接続サービスを提供する事業者）に対する発信者情報開示命令申し立て（非訟事件）を行って取得します。

　なお、開示命令が出たにもかかわらず、経由プロバイダらが発信者情報を開示しない時は、強制執行（間接強制）を行って開示を促します（民事執行法172条、22条7号）。この場合、経由プロバイダらに対し損害賠償請求をすることも考えられますが、特定電気通信役務提供者は、故意又は重大な過失がない限り損害賠償責任を負わないとされています（プロバイダ責任制限法[注1]6条4項）。最高裁平成22年4月13日判決も、「なにこのまともなスレ　気違いはどうみてもA学長」という書き込みにつき、経由プロバイダが発信者情報の開示を拒否したケースでは、本事案書き込みが社会通念上許される限度を超える侮辱行為であることが一見明白であると言うことはできないとして重過失を認めず、損害賠償責任を負わないとしました。

注1　プロバイダ責任制限法＝特定電気通信役務提供者の損害賠償責任の制限及び発信者情報の開示に関する法律

運動部部長が結んだ契約代金の支払い

　大学の野球部部長が、理事長や理事会の承認を得ず
に、スポーツ用具メーカーと、「○○大学野球部部長」名義で
用具供給契約を結んでいました。大学としては、この契約の代
金を支払わないといけないでしょうか。

　大学は原則として支払う義務はありません。ただし、大
学が黙認していた場合などは、代金を支払う義務が生
じる可能性もあります。また、野球部に直接支払義務が発生す
る場合もあります。

解説

1　大学が支払義務を負う場合があるか

　大学の代表者以外の者が締結した契約の効果が大学に帰属するためには、
原則として、当該行為者に大学を代理する権利が必要です。代理権が付与さ
れ、代理人が大学のためにすることを示して契約を締結した場合には、大学
に契約の効果が帰属するので、大学は代金を支払わなければなりません。

　これに対し、代理権の付与がない場合には、大学には、契約の効果は帰属
せず、大学が支払義務を負うことはありません。

　本事案では、「理事長や理事会の承認」を得ておらず、また、運動部の部
長にあらかじめ大学の代理権が付与されているとは考えにくいので、通常は、
大学が契約上の義務に基づいて代金を支払う必要はありません。

　ただし、過去に同様の形式での契約が繰り返されており、大学もそれを黙
認していたような事情がある場合、契約の相手方として大学を信頼した取引

の相手方を保護する必要性から、表見代理^{注1}の規定（民法109条、110条、112条）を類推適用等した上で、大学に契約の効果が帰属する解釈をされる可能性があります。

2 運動部が支払義務を負う場合があるか 〜権利能力なき社団とは

では、本事案のような運動部が契約主体となり、支払義務を負う場合があるでしょうか。

ある団体が契約の主体となるためには、原則として、権利能力^{注2}を有する法人（例えば、学校法人、株式会社など）となる必要があり、学校の内部団体の一つにすぎない運動部は法人ではないので、原則として契約当事者となることはできません。

もっとも、判例は、法人格を有しない団体でも「権利能力なき社団^{注3}」に該当すれば、例外的に団体が契約当事者となることができるとしており、最高裁昭和39年10月15日判決は、「権利能力なき社団」の要件として、①団体としての組織、②多数決の原則、③構成員の変更にもかかわらず団体が存続していること、④代表の方法、総会の運営、財産の管理その他団体としての主要な点が確定している団体に、契約上の権利や義務が団体に帰属することを認めています。

したがって、本事案の野球部も前記要件を満たせば、契約の主体となることができます。運動部等が、独立して契約をする必要性が高い場合には、前記の要件を備えるよう、指導することをお勧めします。

なお、野球部がこれらの要件を満たさない場合は、契約の効果は、大学にも野球部にも帰属しませんが、「野球部部長」の記載は単なる肩書とも読めるので、同部長個人に契約の効果が帰属し、代金を支払う義務が生じる可能性があります。

注1 無権代理人に代理権が存在するかのような外観が存在する場合、その外観を信頼した相手方を保護するため、代理権がある場合と同様の法律上の効果を認める法理。
注2 私法上の権利義務の帰属主体となることができる資格又は地位。
注3 社団の実体を有しながら法人格がないもの。

Q 088 **大学の研究成果と著作権**

教授が、大学の施設を使用し、大学の研究費で行った研究についての成果を出版しようとする場合、その出版物の著作権を大学[注1]に帰属させる方法はありますか。

A 088 出版物の著作権を大学に帰属させるには、著作権の譲渡を受ける方法があります。当該著作物が職務著作に該当する場合は、著作権は大学に当然に帰属します。

解説

1 著作権の帰属

　著作権は、「著作物を創作する者」（著作権法2条1項2号）に帰属するとされ、ここに言う創作する者とは、創作的な表現の創出に実質的に関与した者であると解されています[注2]。したがって、著作物に係る研究が大学の施設を利用し大学の研究費で行われていても、その著作権は、原則として著作物の創出に実質的に関与した創作者、本事案では教授に帰属します。

　もっとも、著作権は、著作権者の意思表示によって譲渡することが可能です。したがって、大学は、①著作権の譲渡を受けることによって、当該著作権の保有者となることができます。また、②当該著作物が職務著作の要件を満たす場合は、大学が著作者となり、原始的に著作者人格権と著作権を取得します。

　いずれによっても著作権を取得できない場合には、③著作者から利用許諾を得て、著作物を利用する方法が考えられます。

注1　正確には、著作権の帰属主体は、大学ではなく「学校法人」であるが、本文では、これを単に「大学」と称する。
注2　中山信弘　著『著作権法第3版』236頁

2　著作権の譲渡

　著作権の譲渡を受ける場合、譲渡の条件（例えば、著作権を有料・無料のいずれで譲り受けるのか、著作権が移転する時期をいつにするか等）については、著作権譲渡契約で定めることになります。この場合、大学と教授で、譲渡の条件について交渉することになります。著作権の譲渡を得る簡便な方法としては、例えば、英米の大学で見られるように、紀要等の論文集に教授等が論文を投稿する際、投稿の申込書に著作権を大学に譲渡する旨記載する方法、あるいは、研究費の支給に係る学内の規定において、研究成果及びそれに関する著作権が大学に帰属することを定め、研究費の申込書に同規定を引用するという方法があります。

　なお、著作権の譲渡を受けても、著作者人格権は一身専属的な権利なので、譲渡を受けることはできません。したがって、著作権の譲渡を受けるに当たり、著作者との間で、著作者人格権の不行使特約を締結することが有用です。

3　職務著作制度の活用

　同法は、①法人等従業員を雇用する主体が発意したことで創作が開始され、②同法人等の業務に従事する従業員等の者が職務上作成した著作物については、③それが同法人等の名義で公表される場合には、同法人等にその著作物の著作権が帰属すると定めており（同法15条）、この要件を満たす場合、著作権は当然かつ原始的に法人等に帰属します。もっとも、研究結果を発表する場合、大学の名義で発表する例は極めてまれで、職務著作に該当するケースはそれほど多くはありません。したがって、大学がその著作物を利用するためには、著作権の譲渡を受けるか、次項に述べるとおり、著作権者から利用許諾を受ける方法が考えられます。

4　著作権の利用許諾を得る方法

　この場合は、大学と教授の間で利用許諾契約を締結することになります。

　この契約では、許諾される期間や地域的な範囲、使用の対価、独占的な使用とするか否か等についても詳細な合意をします。

大学の研究成果と特許権

教授が大学での研究において成した発明について、特許権は大学[注1]のものになりますか。

A 089

当該教授との間で契約した場合や、「職務発明規程」があるなど、一定の場合には、大学が特許権を取得することが可能です。

1 特許権の帰属

特許庁に出願し、特許権の付与を請求することのできる権利（特許を受ける権利）や、出願が認められ発生する特許権は、原則として、発明者本人に帰属します（特許法29条1項柱書）。したがって、教授が成した発明に関する権利は、原則として教授本人に帰属し、大学には帰属しません。

ただし、この発明が「職務発明」に該当する場合、大学は、特段の合意がなくとも、その特許に関し、通常実施権を取得し（同法35条1項）、無償で職務発明を実施することができます。実施の範囲や数量等に制限はありません。また、職務発明については、契約、勤務規則その他の定め（契約等）により、あらかじめ、大学による特許権の取得や大学への特許権の承継、又は大学のための専用実施権、仮専用実施権の設定をすることができます（同法同条2項）。特に、契約等により、あらかじめ大学に特許を受ける権利を取得させることを定めておくと、その特許を受ける権利は、発生した時から大学に帰属し（同法同条3項）、大学は職務発明について自ら出願して特許権を取得する

注1　正確には、特許権の帰属主体は、大学ではなく「学校法人」であるが、本文ではこれを単に「大学」と称する。

ことができます。

　したがって、当該発明が「職務発明」に該当するか否かが、重要なポイントとなります。

2　職務発明とは

　職務発明とは、①従業者等がした発明であって、②その性質上当該使用者等の業務範囲に属し、かつ、③その発明をするに至った行為がその使用者等における従業者等の現在又は過去の職務に属する発明（同法35条1項）を指します。これらの要件の判断基準時は、発明の完成時です。

3　相当の利益

　職務発明に該当し、使用者等が従業者等から特許を受ける権利や特許権を取得した場合、使用者等は、契約等により、当該従業者等に対し相当の利益を付与しなければなりません（同法同条4項）。相当の利益を定めるに当たり考慮すべき要素については、同法に定めがあります（同法同条5項）が、特許庁のガイドラインも参考になります。仮に、相当の利益の定めがなかったり、その定めによる相当の利益の付与が不合理であったりした場合は、発明により使用者等が受ける利益の額、その発明に関連する使用者等の負担、貢献及び従業者等の処遇その他の事情を考慮し、相当の利益を定めます（同法同条7項）。

4　大学の特許権取得

　以上のとおり、当該発明が職務発明に当たる場合、大学は、あらかじめ設けられた契約等に従って、当該発明に関する特許権を取得することができます。発明に関する紛争を防止するためにも、あらかじめ職務発明規程等を設け、どのような場合が職務発明に当たるか（学校の研究費を用いた研究の成果である場合や、学校の設備を利用した研究の成果である場合など）、職務発明に当たる場合の権利関係を明確にしておくことが望ましいでしょう。なお、仮に職務発明に当たらない場合であっても、当該教授と合意することによって、大学が特許権を取得することは可能です。

Q 090

大学教員の留学費用の返還請求

大学が費用を負担する留学制度を利用して海外に留学した教員が、留学から戻って3カ月が経過した時点で退職を申し出ました。この教員は、大学に対し、留学後5年以内に大学を退職した場合には、留学費用を返還するという誓約書を提出しています。この教員に対して、大学が負担した留学費用の返還を請求することはできますか。

A 090

留学費用の返還の可否は、留学の実態を踏まえ、個別に判断されます。留学と業務が密接に関連しているケースでは、返還請求が認められない場合もあります。

解説

1　問題の所在

設問のように、大学が費用を負担する留学制度では、誓約書や就業規則に基づき、留学後一定の期間内に退職した場合は留学費用を返還するという合意がなされることがあります。労働基準法は、労働契約の不履行について違約金を定めることや損害賠償額を予定することを禁じており（同法16条）、留学費用の返還合意がこの「違約金の定め」に該当する場合は、返還合意は無効となり、返還を求めることはできないので注意が必要です。

2　返還合意の有効性

返還合意の有効性を判断するに当たり、裁判所は、返還合意の前提たる留学制度の実態等を考慮し、留学が業務性を有しその費用を使用者が負担すべきものであるか、返還合意が労働者の自由意思を不当に拘束し労働関係

の継続を強要するものか否かといった実質的な見地から、個別具体的に判断すべきものとしています。そして、留学に業務性があると評価された事案では、返還合意は、本来使用者が負担すべき留学費用を労働者に負わせることで、労働者に一定期間の勤務継続を約束させ、労働者の自由な退職意思を不当に拘束して労働関係の継続を強要するもので無効であるとして、返還請求を棄却しました（東京地裁令和3年12月2日判決）。

　これに対し、留学が業務とは言えず、留学が労働者自身の能力向上の機会を使用者が援助したと解される場合については、費用の全部又は一部の返還請求を認容しています（東京地裁平成9年5月26日判決、東京地裁平成14年4月16日判決）。

3　業務性の有無の判断基準

　多くの判例では、業務性の有無につき、①留学参加の自発性・任意性、②留学先決定の自由選択性、③留学の内容と業務との関連性、④留学の経験の労働者個人にとっての利益性（社会的汎用性）[注1]など、留学に係る経緯や内容に着目して判断しています。

　例えば、選考への応募が労働者の自由な意思に委ねられ、留学先や履修科目も労働者が自由に選択でき、留学経験やそこで得られる学位が担当業務に直結せず、留学経験が勤務の継続とはかかわりなく社員の有益な経験となるといった事案では、裁判所は、留学は業務性を有するものではないとして返還請求を認めています（東京地裁令和3年2月10日判決）。

　これに対し、留学の応募自体は従業員の自発的な意思に委ねているものの、いったん留学が決まった場合には、会社が海外への留学派遣を命じ、専攻学科も会社の業務と関連性のある学科に限定され、留学中の待遇が勤務条件に準じて決められていたケースでは、会社側の請求が棄却されています（東京地裁平成10年9月25日判決）。

　なお、判例では、前記4つの基準のほかに、返還免除の基準の合理性や返還額、返還方式の相当性も判断の要素として考慮に入れられているので、注意が必要です。

注1　水町勇一郎　著『詳解労働法［第2版］』268頁

第 **3** 章

学校の経営問題を
解決する

Q
091

学校を所管する機関と権限

学校を所管する行政機関とその権限について教えてください。

A
091

大学及び高等専門学校は文部科学大臣、公立のその他の学校（小学校・中学校・高等学校等）は地方公共団体の教育委員会、私立のその他の学校は都道府県知事が、学校の設置・運営等に関わる事務を所管しています。

1 「学校」とは

学校教育法が定める「学校」は、幼稚園、小学校、中学校、義務教育学校、高等学校、中等教育学校、特別支援学校、大学（短期大学・大学院・専門職大学等を含む）及び高等専門学校を指し、これらの学校を設置できるのは、原則として国又は地方公共団体（国立大学法人・公立大学法人を含む。以下同じ）と学校法人（教育基本法6条1項、学校教育法1条、2条）に限られます。例外的に、地域の特性を生かした教育の実施の必要性等の特別な事情がある場合に、株式会社や特定非営利活動法人による学校の設置も認められています（構造改革特別区域法12条、13条）。

前記以外の学校のうち、職業教育等を行うものとして一定の基準を満たした学校を「専修学校」（看護学校、理容学校等）、学校教育に類する教育を行うものとして一定の基準を満たした学校を「各種学校」（インターナショナルスクール等）といいますが、これらは、学校教育法上、前記の各「学校」とは区別されています。

2　国公立学校と所管行政機関

　国が設置する大学（その附属学校を含む）及び高等専門学校を所管するのは文部科学大臣です。地方公共団体が設置する大学及び高等専門学校を所管するのも文部科学大臣ですが、その他の公立学校を所管するのは地方公共団体の教育委員会です。

　公立学校（大学等を除く）における教育は、政治的中立性を確保し、地域住民の意向を反映する目的から、地方公共団体の首長ではなく、地方公共団体に設置された教育委員会（教育長と教育委員は議会の同意を得て首長が任命）が、その事務に関する責任を負っています。

3　私立学校と所管行政機関

　私立学校は、独自の教育理念に基づいて独立して運営されるものですが、法律に定められた範囲内で、行政機関の統制を受けます。私立学校を統制する権限を有する行政機関のことを所轄庁と言います。私立学校の所轄庁には、高等学校や大学等の「学校」の所轄庁と、それらの学校の設置者たる「学校法人」の所轄庁の二つがあります。

　大学と高等専門学校の所轄庁は、文部科学大臣で、その他の学校の所轄庁は、学校が所在する都道府県の知事です。学校法人の所轄庁は、大学又は高等専門学校を一つでも設置する場合は文部科学大臣で、それ以外の場合（高等学校や中学校のみを設置する法人）は、法人が所在する都道府県知事です。なお、私立の専修学校及び各種学校の所轄庁は、都道府県知事です（私立学校法4条）。

　私立学校の所轄庁は、学校の設置・廃止等の各種認可を行う権限を有しているほか、学校法人に対し、業務・財産状況について報告を求め、学校法人の事務所等に立ち入り検査することができます（同法63条）。学校法人が法令や寄附行為等に違反したときは、必要な措置を取るべきことを命じること、学校法人がその命令に従わないときは、役員の解任を勧告すること（同法60条）、また、他の方法で監督の目的を達することができない場合、法人の解散を命じることもできます（同法62条）。

Q
....
092

学校法人の合併と手続

他の学校法人と合併したいと考えていますが、どのような方法があり、どのような手続が必要でしょうか。

A
....
092

新設合併と吸収合併の方法があり、いずれも理事会の特別決議と所轄庁の認可が必要です。その他の統合手法として、設置者変更及び理事の交代があります。

<hr/>

解説

1　学校法人の合併とは

　　学校法人の合併には、新たな法人を設立する新設合併（合併する法人はいずれも解散する）と、一方の法人が他方の法人を吸収する吸収合併（吸収される法人は解散する）があります。学校法人が合併した場合、解散した学校法人の権利義務は、原則として、合併後の新設法人又は吸収した側の法人に承継されます。

2　合併契約の締結

　　学校法人が合併する場合、各法人において、理事の3分の2以上の同意を得て、理事会承認を得る必要があります（私立学校法〈私学法〉52条1項）。また、あらかじめ評議員会の意見を聴取する必要があり（同法42条1項6号）、寄附行為で評議員会の議決を要するとされていれば、評議員会決議も必要です（同法52条1項但書[注1]）。

　　各法人の理事会決議を経た後、合併契約書を締結します。契約書には、合併を合意したことや合併後の法人運営に関する合意事項等を盛り込みます。

<hr/>

注1　令和5年改正私立学校法施行後は、大臣所轄等学校法人では、評議員会の決議が必要。

なお、教職員との労働契約は、合併により当然に合併後の法人に承継されますが、就業規則を統一するなどして労働条件を変更する場合、労働条件を教職員にとって不利益に変更するには、①変更内容の周知と②変更の合理性（労働契約法10条）が必要です。就業規則は、事業所ごとに定めることができるので、各学校で従前の就業規則を使用することもできます。

3　合併の認可申請

　合併は、所轄庁の認可がなければ効力を生じませんので（私学法52条2項）、各法人で合併を決議して契約した後、所轄庁に合併の認可を申請する必要があります。認可申請は、新設合併の時は新設法人が、吸収合併の時は吸収する側の法人が行います。認可申請書には、合併目的や合併後の事業計画、予算等を記載する必要があり、合併後に安定して教育活動を継続する能力があるか審査されます。申請書の様式等は、文部科学省が公表する作成の手引に詳細に定められています[注2]。合併を検討する場合、早めに所轄庁への相談等を行い、準備を進めるのがよいでしょう。

4　債権者に対する催告等

　合併認可後2週間以内に、財産目録及び貸借対照表を作成して、債権者に合併に異議がある場合には申し出るように公告し、また、個別に催告しなければなりません（同法53条）。合併により債権者が害される場合で、債権者が合併に異議を述べたときは、学校法人は債務を弁済するか、相当の担保を提供するなどしなければなりません（同法54条）。異議申し出期間が経過した後、合併登記を行い、これにより、合併の効力が生じます。登記完了後、再度、所轄庁に届出を行います。

　なお、合併以外の学校統合の手法として、①設置者変更（学校教育法4条）、②理事の交代による経営権の取得といった方法があります。①の手法は、所轄庁の認可が必要な点は合併と共通しますが、在学生、教職員、校舎等の移転には相手方の個別の同意が必要となる点が異なります（①の詳細はQ095参照）。

注2　文部科学省「学校法人の寄附行為の認可及び寄附行為変更の認可申請書類の作成等に関する手引（令和5年9月改訂版）」

Q
093

大学の広域キャンパスの設置

大学について、広域的にキャンパスを設置展開したい
と考えていますが、どのような方法があるでしょうか。

A
093

大学設置基準に従って、複数のキャンパスを設置する
方法のほか、サテライトキャンパスの設置、海外校の
設置などの方法があります。

解説

1　大学設置基準における大学校地・校舎の要件

　キャンパスの設置は同基準に従って行います。まず、キャンパスの敷地は、
同基準によって、学生一人当たりの面積基準が定められているほか、学生の
休息のための空地や運動場の設置等が義務付けられています（同基準34条、
35条、37条）。また、校舎には、教室、研究室、図書館などの各施設の設置
が義務付けられています（同基準36条）。

2　複数キャンパスの設置

　大学は、複数のキャンパスを開設して教育研究活動を行うことができます。
この場合、「それぞれの校地ごとに教育研究に支障のないよう必要な施設及び
設備を備える」ことが必要です（同基準40条の2）。

　ここでいう「必要な施設及び設備」については、必ずしも、各キャンパスが
独立して、同基準に定めるすべての施設等を設置しなければならないわけで
はなく、複数のキャンパスが近隣に所在し、学生がいずれのキャンパスを利
用することも可能と考えられる場合には、施設の設置状況を一体的に判断す
ることが可能（ただし、教室・事務室・医務室など最低限の施設は各キャン

パスに必要）と解釈されています。一方、キャンパスが遠隔地に所在する場合には、原則として、各キャンパスにおいて同基準に定める施設等を設置することが必要です。なお、いずれの場合でも、校地や校舎の面積基準については、複数のキャンパスの合計値を適用することができます。

3　サテライトキャンパスの設置

　大学の教育研究活動は、同基準に基づいて開設された校地・校舎で行うことが原則ですが、「授業の一部を、校舎及び附属施設以外の場所で行うこと」も可能です（同基準25条4項）。

　このように、同基準を満たす校舎以外で、大学の授業が行われる場所を、サテライトキャンパスと呼ぶことがあります。ただし、サテライトキャンパスにおける授業は、実務の経験を有する者（社会人）等を対象とした授業を行うものであること、授業の一部のみをサテライトキャンパスにおいて行うものであること、サテライトキャンパスにも学生自習室や図書室等が適切に整備されていること等の要件を満たすことが必要です（平成15年3月31日文部科学省告示43号）。すべての授業をサテライトキャンパスで実施することはできないことになりますが、本キャンパスの授業を、同時中継でサテライトキャンパスでも実施する場合、本キャンパスにおける授業が実施されたものと評価できます（ただし、授業の効果が十分発揮されるように配慮が必要です）。

4　海外校の設置

　大学は、日本国外に、学部や学科等を開設することができます（同基準58条）。海外校において、履修課程のすべてを行うことも、一部のみを行うことも可能で、主に外国人の学生を入学させる学部等を開設することも可能です。

　設置基準に関しては、わが国の法令が適用されます。日本国内に複数のキャンパスがある場合と異なり、校地・校舎の面積基準に関して、海外校の校地・校舎の面積を通算することはできません。ただし、履修課程の一部のみを行う海外校の場合、設置基準の軽減措置が認められる場合があります。

Q
094

外国における系列校の開設

外国に、日本の高等学校・大学の入学資格を取得できる系列校（小学校・中学校・高等学校）を開設したいと考えています。日本でどのような手続が必要でしょうか。

A
094

文部科学大臣の認定を受ければ、卒業生に日本の高等学校又は大学の入学資格を付与することができる学校を外国に開設することが可能です。カリキュラムや教職員組織に関して、現地の実情に合わせた構成が認められる場合もあります。

解説

1　在外教育施設の認定制度

　日本人学校及び私立在外教育施設は小学校、中学校又は高等学校の課程と同等の課程を有する旨の文部科学大臣の認定を受ければ、卒業生に日本の高等学校又は大学の入学資格を付与することができます（「在外教育施設の認定等に関する規程」令和4年8月29日文部科学省告示113号）。

2　運営主体

　前記認定を受ける場合、外国に開設する学校の設置者は、「海外に在留する邦人が当該邦人の福利の増進を主たる目的として組織した団体」（現地の日本人会等が日本人学校を設立する場合）や「在外教育施設の設置を目的として申請施設の所在国の法令等に基づき設立される法人」等で日本の学校法人が当該海外校の設置運営について関与しているもの等である必要があります。日本の学校法人が海外に学校を設置しようとする場合には、現地に、法人を

設立し、又は運営の母体となる団体を設立する必要がありますが、必ずしも、単独で設置する必要はなく、現地の学校法人や他の日本の学校法人と合弁で設立して、学校を開設・運営することも可能です。

3　施設・カリキュラム・教職員等

外国に開設する学校の校地・校舎等は、わが国の学校教育法に準じるものとし、原則として、その学校の目的を実現するために必要な校地、校舎、校具、運動場、図書館又は図書室、保健室その他の設備を設ける必要があるものとされ、生徒一人当たりの校舎床面積の標準（10平方メートル）も定められています。

外国に開設する学校の教育課程は、日本の学校教育法や学習指導要領に沿ったものである必要がありますが、地域社会、当該申請施設又は当該申請施設に在学する児童生徒の実態等から特に必要があり、かつ、日本の小学校・中学校・高等学校と同等の教育水準が確保できると認められる場合には、その一部について特別の教育課程によることができるものとされていますので、独自のカリキュラムを設けることも可能です。

また、教職員についても、原則として、日本の教員免許状を有する教員を配置する必要がありますが、「特別の事情があると認められる場合」には、教員の「一部」について、過去に日本の教員免許状を有していた者、外国の教育職員に関する免許状を有する者、その他教科に関して専門的な知識・技能等を有する者を配置することが認められています。

4　認定を受けるための手続

在外教育施設として認定を受ける場合には、文部科学大臣に、申請書及び指定された添付書類（学則、教員等氏名・経歴等、申請施設及び設置者の所在国における法的地位等を証する書類、収支予算書等）を提出する必要があります。また、認定を受けた後も、学校の設置者は、毎年1回、「施設の運営等に関する定期報告書」を文部科学大臣に提出しなければならず、基準に適合しなくなったと認められる時は、認定が取消されることもあります。

学校の設置者変更

当法人が設置する学校の設置者を、他の学校法人に変更したいと考えています。どのような手続が必要でしょうか。

理事会の決議を経て、寄附行為の変更につき所轄庁の認可を得る必要があります。また、児童生徒・学生や保護者、教職員との契約関係に変更を生じさせるので、その同意を得るべく、丁寧な説明等を行う必要があります。

解説

1 学校の設置者変更とは

学校の設置者を変更する場合、通常、当該学校の運営に必要な財産（学校用地や校舎等）や契約上の地位（児童生徒・学生との在学契約や教職員との労働契約等）を含む権利義務関係の一切を他の学校法人に譲渡し、学校の設置者を変更することを意味します。学校の設置者変更は、重要な財産の処分に当たるので、寄附行為の定めに従い、理事会の特別決議等を経る必要があります。

2 在学契約上の地位の移転

学校法人は、児童生徒・学生や保護者との間で、在学契約（学校が教育役務を提供し、学生等が対価として学費を支払う内容の契約）を締結していますが、学校を譲り渡し、譲り受ける学校法人間において、在学契約上の地位（学生等に教育役務を提供する地位）を譲渡するには、不動産等の財産とは異なり、学校法人間の合意だけで当然に譲渡することはできません。在学契約上の地位の移転は、契約当事者である児童生徒・学生の利益に関わることから、

原則として、その同意が必要と考えられます。そのため、学校から児童生徒・学生や保護者に対し、設置者変更の経緯や変更後の教育内容等について、丁寧に説明することが不可欠です。もっとも、同意しない児童生徒・学生や保護者がいた場合、在学契約の解除（退学）の問題は生じるものの、法人間の譲渡契約の有効性には影響しないと考えられます。また、一部の児童生徒・学生や保護者が、学校の設置者変更に異議を述べ、在学契約の債務不履行を主張して学費の返還等を求めたとしても、教育方針の中核に変更がある等の特段の事情がない限り、こうした主張が認められる可能性は低いでしょう（最高裁平成21年12月10日判決）。

3　労働契約上の地位の移転

　学校法人は、教職員との間で労働契約を締結していますが、労働契約上の使用者の地位は、教職員の同意なく、別の法人に譲渡することはできません（民法625条1項）。譲渡対象の学校の教職員を、譲渡先の学校法人で雇用するためには、各教職員との間で、新たに労働契約を締結するか、同意書等を作成する必要があります。また、学校の設置者の変更に伴い、教職員らの労働条件が不利益に変更される場合、説明会や団体交渉などの場において教職員に意見を聴き、十分な理解を得る必要があります（労働契約法10条）。こうした手続を遺漏なく行うためには、弁護士等の専門家に相談することをお勧めします。

4　学校の設置者変更に関する認可申請

　学校の設置者が変更された場合、新たに学校の設置者となる学校法人・学校の設置者から外れた学校法人のいずれも、寄附行為を変更する必要があり、これに関して、学校教育法4条に従い、所轄庁の認可を得る必要があります。その手続や認可申請書の様式等に関しては、合併と同様、文部科学省が公表している手引[注1]を参考に準備を進める必要があります。

注1　文部科学省「学校法人の寄附行為の認可及び寄附行為変更の認可申請書類の作成等に関する手引（令和5年9月改訂版）」

Q096 理事会のオンライン開催

感染症の感染拡大防止措置として、理事会を書面決議としたいのですが、可能でしょうか。また、オンラインでの会議開催は可能でしょうか。

A096

理事会においては、意見交換が重要なので、書面決議とすることはできません。他方、理事会のオンライン開催については、出席者が十分に議論に参加できる環境が確保されている場合であれば、開催可能です。

解説

1 理事会の書面決議

　株式会社の取締役会は、定款に定めがあれば書面決議を行うことも可能（会社法370条）とされているのに対し、学校法人の理事会では、書面決議は認められていません。

　文部科学省の通知（3高私行第3号令和3年6月25日）においても、学校法人の理事会の議事においては、「各議案について、単に議決を行うのではなく、監事の意見も踏まえつつ、理事が相互に意見交換を行うことを通じて法人の業務執行に関する意思決定が適切になされることが期待される」とし、「書面又は電磁的方法による理事の意思表示のみをもって、理事会の決議を行ったり省略したりすることは、想定されない」としています。

2 オンライン開催の許容

　これに対し、理事会のオンライン開催については、文部科学省も前出の通知で「出席者が開催場所に一堂に会するのと同等の相互に十分な議論を行う

ことができる環境が確保されていると認められる場合には、理事会の開催場所以外の場所にいる役員についても、理事会に出席しているものと取り扱って差し支えない」として、これを許容しています。

(1)　オンライン会議の開催

従来、理事が一同に会することが前提となっていましたが、コロナ禍の影響により、オンライン開催を認める見解が示されるようになり、寄附行為作成例もオンライン会議を前提とした内容へと変更されました。

各学校法人では、ウェブ会議、テレビ会議、電話会議等の方法により各出席者の音声が即時に伝わり、双方向での議論が可能な、対面での会議と同等のオンライン環境を確保することで、理事会のオンライン開催が可能です。

また、寄附行為については、オンライン開催に対応した内容を追加することが望ましいでしょう。

(2)　オンライン開催におけるポイント

オンライン開催に当たっては、一定の通信環境が求められており、システムトラブルにより音声が途切れ実質的に意見交換ができなかった場合は、理事会への出席と認められないこと（取締役会の電話会議による出席が認められなかった事案として、福岡地裁平成23年8月9日判決）が考えられるため、通信環境の見直しや、電話会議に切り替えるなど工夫が必要です。

また、理事会の議事録には、開催場所を記載した上、開催場所以外の場所からの出席者については、その出席方法を記載する必要があります。そのため、仮に、理事全員が自宅からオンライン参加すると、いずれかの理事の自宅を開催「場所」として記録せざるを得ません。

このような事態を避けるためには、理事の1人を学校の会議室から参加させる運用が考えられます。

Q 097
令和元年改正（理事の利益相反・競業避止義務）

令和元年の私立学校法改正で「理事の競業及び利益相反取引の制限」が設けられたと聞きました。どのような点に注意すればよいでしょうか。

A 097
競業や利益相反取引を行う理事は、理事会に対し、事前に重要な事実を開示して承認を得た上、事後報告をする必要があります。他の理事は、取引によって学校法人に損害が生じないよう慎重に承認の可否を判断することとなります。

解説

1 競業及び利益相反取引の制限

競業や利益相反取引は、理事が、学校法人の利益を犠牲にして、自己又は第三者の利益を図る危険性が高い取引です。

「競業」とは理事が個人又は会社等の代表者として、学校法人と競合する事業を行うことです。例えば、理事が他の学校法人の理事を兼ねる場合や、附属病院のある大学法人の理事が病院（医療法人）を経営する場合等は、競業とされる可能性があります。なお、事業には教育研究事業のみならず、収益事業も含みます。

一方、「利益相反取引」には、理事と学校法人との売買取引等、理事が自己又は第三者のために学校法人と取引するとき（直接取引）や、学校法人が理事の債務を保証すること等、学校法人が理事以外の者（第三者）との間で、学校法人と理事の利害が相反する取引をするとき（間接取引）があります。

(1) 取引前の対応

理事（代表権の有無を問わない）が競業や利益相反取引を行う場合、当

該理事は、取引に関する重要な事実を理事会に事前に開示し、承認を得なければなりません（私立学校法〈私学法〉40条の5、一般社団及び一般財団法人に関する法律〈一般社団・財団法人法〉法84条1項）。「重要な事実」とは、各取引が学校法人に及ぼす影響を理事会が判断するために必要な事実をいい、取引の種類、目的物、数量、価格、履行期、取引の期間等が考えられます。

⑵　取引後の対応

　理事が競業や利益相反取引を行う場合、理事会による承認の有無にかかわらず、取引後も、当該取引に関する重要な事実を報告しなければなりません（私学法40条の5、一般社団・財団法人法92条2項）。

2　義務違反の効果

　理事が必要な承認手続を経ずに競業を行った場合も、取引の相手方が違反を知っていたか否かにかかわらず、当該取引は有効となります。

　一方、利益相反取引（直接取引）の場合、一種の無権代理行為になると解され、学校法人は取引の相手方に対し、取引の無効を主張できます。

　これに対し、第三者が取引主体となる間接取引の場合、取引を有効と信じた第三者を保護するため、第三者が手続違反を知っているか、知らないことについて重過失がある場合に、取引の無効を主張できると解されています。

　また、規制に違反して競業が行われた場合、当該取引によって理事又は第三者が得た利益の額が損害額と推定されます（私学法44条の2第2項）。

　そして、利益相反取引の場合、理事会の承認の有無にかかわらず、当該行為によって損害が生じると、当該利益相反行為をした理事、学校法人が当該取引をすることを決定した理事及び当該取引に関する理事会の承認決議に賛成した理事に、任務懈怠があったと推定されます（同法同条3項）。

　理事は、学校法人を代表し、学校法人の業務を決定する権限を有する重要な機関ですから、機動的な運営を図りつつも、専断的な意見決定にならないよう厳格な責任が求められます。

Q 098

令和元年改正（監事の権限強化）

令和元年私立学校法改正により、監事の権限が大幅に強化されたと聞きましたが、どのような権限が強化されたのでしょうか。

A 098

監事に理事会招集請求権、招集権、理事の不正行為に対する差止請求権（私立学校法37条3、4項、40条の5）などが認められました。

解説

1 理事会招集請求権、招集権

　令和元年の改正私立学校法（私学法）では、監事の理事に対するけん制機能が大幅に強化されました。その一つが、監事による理事会招集請求権、理事会・評議員会の招集権の新設です。

　監事には、理事による不正行為等の重大な事実を発見したとき、理事会への報告義務がありますが、改正前の私立学校法には、理事が任務懈怠により理事会を招集しない場合の定めがありませんでした。そこで、監事の報告義務の実効性を担保するため、監事の理事会招集請求権及び理事会・評議員会招集権が追加されました。

　これにより、監事は、重大な事実を発見し、理事会へ報告する必要があるときは、理事長に対して理事会・評議員会の招集を請求することができ（同法37条3項6号）、請求日から5日以内に、請求日から2週間以内の日を開催日とする理事会・評議員会の招集通知が発せられない場合、監事自身が理事会・評議員会を招集できることとなりました（同法同条4項）。

　なお、この場合、理事会の議長は寄附行為で定めることとなり、具体的な

定め方としては、出席する理事の互選によって議長を定める方法などが考えられます。

　監事が招集した理事会に理事が出席しない場合、理事会の開催には理事の過半数の出席が必要であるため、理事会を開催することができません（同法36条5項）。このような場合には、理事の欠席自体が任務懈怠となり、所轄庁への報告、理事に対する差止請求権（後述、同法40条の5）又は損害賠償請求権（同法44条の2）により対応することとなります。

2　差止請求権

　同法は、理事の法令・定款違反等の不正行為を防止するため、新たに監事の差止請求権も認めました。これにより、監事は、理事が学校の目的範囲外の不正行為をしたり、その危険性があったりして学校法人に「著しい損害が生ずる恐れがある」ときは、当該行為の差し止めを請求することができます（同法40条の5、一般社団法人及び一般財団法人に関する法律〈一般社団・財団法人法〉103条1項準用）。

　なお、条文の文言上、差止請求は監事の権利ですが、先述のような場合、善管注意義務を負う監事には、差止請求をする義務がある点に注意が必要です。

　差止請求の要件である「著しい損害が生ずる恐れがある」とは、損害の質及び量が著しいことを意味します。例えば、極めてリスクの高い投資をしようとしている場合、学校法人が所有する不動産を第三者に廉価で譲渡しようとしている場合などが想定されます。

　理事が差止請求に応じない場合、監事は裁判所に対し、当該行為をやめることを求める仮処分命令を申し立てることができます。仮処分命令を受ける際、通常必要とされる担保金は不要です（私学法40条の5、一般社団・財団法人法103条2項準用）。

　なお、仮処分命令申し立ての費用は、監事が学校法人に対し請求できるため（私学法40条の5、一般社団・財団法人法106条準用）、学校は、費用が監事の職務執行に必要でないことを証明しない限り、支払いを拒絶することはできません。

Q

099

令和元年改正（学校法人役員の損害賠償責任①）

令和元年私立学校法改正により、役員の学校法人に対する損害賠償責任の減免について、どのような規制が導入されたのでしょうか。

A

099

総評議員の同意があるときは、損害賠償責任の全部を免除することが可能です。それ以外の場合は、当該役員が軽過失の場合のみ、最低責任限度額を控除して得た額を限度として、損害賠償責任の一部のみ免除することが可能です。

解説

1　役員の学校法人に対する損害賠償責任

令和元年改正私立学校法（私学法）により、役員は、その任務を怠ったとき（任務懈怠）は、学校法人に対する損害倍責任を負うことが明示されました（同法第44条の2）。

また、役員の学校法人に対する損害賠償責任の減免に関する規定が新設されました。

2　総評議員の同意による損害賠償責任の免除

まず、総評議員の同意があったときは、役員に悪意又は重過失があるときでも、学校法人は、当該役員の損害賠償責任の全部を免除することが可能です（同法第44条の5、一般社団法人及び一般財団法人に関する法律〈一般社団・財団法人法〉112条準用）。

3　役員の損害賠償責任の一部を免除する手続

(1)　最低責任限度額とは

　　総評議員の同意が得られないときは、役員が軽過失である場合のみ、損害賠償額から最低責任限度額を控除した額を限度として損害賠償責任の一部を免除することができます（私学法第44条の5、一般社団・財団法人法第112条〜116条準用）。「最低責任限度額」とは、役員が在職中に学校法人から職務執行の対価として受ける財産上の利益の1年分に役職ごとの係数（理事長＝6、業務執行理事・職員理事＝4、非業務執行理事・監事＝2）を乗じたものです。例えば、役員報酬1000万円の理事長が、総額3億円の損害賠償責任を負った場合、その最低責任限度額は6000万円となり、損害賠償責任を免除できる上限額は2億4000万円となります。

(2)　理事会の決議による一部免除

　　学校法人は、損害賠償責任を負う役員が軽過失であるときは、損害賠償額から最低責任限度額を控除した額を限度として、理事会の決議により損害賠償責任の一部を免除できる旨寄附行為で定めることができます。ただし、寄附行為変更時及び責任の一部免除の議案の提出時等に監事の同意が必要です。また、総評議員の10分の1以上の異議があるときは、免除ができません。

(3)　評議員会の決議による一部免除

　　学校法人は、当該役員が軽過失であるときは、議決権を有する評議員の3分の2以上による評議員会の決議により、損害賠償額から最低責任限度額を控除した額を限度として、損害賠償責任の一部を免除することができます。ただし、責任の一部免除の議案の提出時に監事の同意が必要です。

(4)　責任限定契約による一部免除

　　学校法人は、非業務執行理事又は監事が軽過失であるときは、あらかじめ学校法人が定めた額と最低責任限度額のいずれか高い方の額を限度とする旨の契約（責任限定契約）を締結できる旨を寄附行為で定めることができます。ただし、評議員会へ寄附行為変更の議案を提出する場合は監事の同意が必要です。

Q100

令和元年改正（学校法人役員の損害賠償責任②）

令和2年1月に、職員による横領事件が発生しました。裁判の結果、令和5年1月、財務担当理事Xが学校法人に対し、2億円の損害賠償責任を負いました。Xは、30年間職員として勤務した後、その身分を持ちつつ理事に就任して5年間理事を続けた後、令和5年3月に退職しました。理事報酬は年間1500万円でした。Xは職員としての退職金1200万円を受け取り、理事としての退職慰労金は不支給でした（ただし退職金1200万円のうち、理事在職期間5年間の理事としての職務執行の対価は200万円と仮定）。学校法人の評議員会は、令和5年4月1日、X氏の責任を一部免除する決議を行いました。X氏の負う最低責任限度額はいくらでしょうか。

A100

Xの最低責任限度額は、6160万円となります。

解説

1 最低責任限度額とは

　総評議員の同意がある場合を除き、役員の学校法人に対する損害賠償責任は、最低責任限度額を超えて免除することはできません。そこで、最低責任限度額の計算方法を事例で解説したいと思います。

(1) 私立学校法第44条の5の計算式

　「最低責任限度額」＝損害賠償額－役員が「職務執行の対価」として受ける財産上の利益の1年分×役員ごとの係数（理事長：6、業務執行理事・職員理事：4、非業務執行理事・監事：2）

⑵　私立学校法施行規則第3条の3「職務執行の対価」の計算式＝ⅰ報酬、賞与等の1年分＋ⅱ退職慰労金等の1年分

⑶　ⅰ報酬、賞与等の1年分の計算式＝以下のイ〜ハに定める日の属する会計年度及びその前会計年度に支払われた報酬、賞与等の合計額のうち会計年度ごとの合計額として最も高い額

　　イ　評議員会による一部免除の場合：決議の日

　　ロ　理事会による一部免除の場合：決議の日

　　ハ　責任限定契約に基づく一部免除：責任原因事実の発生日

⑷　ⅱ退職慰労金等の1年分の計算式＝イ÷ロ

　　イ　①役員としての退職慰労金＋②職員としての退職手当のうち理事在職期間の職務執行の対価に相当する額＋③前記①、②の性質を有する財産上の利益の額

　　ロ　役員の在職年数（ただし、在職年数＜以下の係数の場合は、当該係数）
　　　　理事長：6、業務執行理事・職員理事：4、非業務執行理事・監事：2

2　前記事例における具体的な計算

⑴　報酬、賞与等の1年分

　　①評議員会の決議のあった日の会計年度＝令和5年度＝0円

　　②前会計年度＝令和4年度＝1500万円　②＞①により＝1500万円

⑵　退職慰労金等の1年分

　　イ　①役員としての退職慰労金＝0円

　　　　②職員としての退職手当のうち理事在職期間の職務執行の対価に相当する額＝200万円　①＋②＝200万円

　　ロ　役員の在職年数

　　　　①Xの理事在籍年数＝5年　②職員理事の係数＝4

　　　　①＞②により＝5

　　イ÷ロ＝200万円÷5＝40万円

⑶　結論

　　Xの最低責任限度額＝（1500万円（報酬・賞与等の1年分）＋40万円（退職慰労金等の1年分））×4＝6160万円となります。

Q 101

令和元年改正（情報公開の拡充）

令和元年私立学校法改正により、情報公開の拡充がなされたと聞きました。どのような書類を公開すべきなのでしょうか。

A 101

この改正で、私立学校の役員名簿、役員報酬の支給基準、寄附行為などが、備え置き・閲覧の対象に加えられました。また、文部科学大臣所轄の学校法人は、インターネットでの「公表」も義務付けられています。

解説

1 情報公開の拡充

　私立学校法は、学校法人の運営の透明性を向上させるため、学校法人が公開すべき情報として、新たに、寄附行為、役員等の名簿、役員に関する報酬等の支給基準の3つを追加（同法33条の2、47条）し、文部科学大臣所轄の学校法人に対しては、従来の公開方法であった「備置き、閲覧」に加え、「公表」（同法63条の2）を加えるなど、情報公開の拡充を図っています。備置き等の懈怠には過料に処すなど、理事等に対する制裁の範囲も広くなった（同法66条）ので、注意が必要です。

2 どのような書類を公開すべきか

　同法が公開を義務付けている書類は、①寄附行為、②財産目録、③貸借対照表、④収支計算書、⑤事業報告書、⑥役員等名簿、⑦監査報告書、⑧役員報酬の支給基準（②～⑧をあわせて「財産目録等」といいます。）の8つです（同法33条の2、47条）。前記改正により、①⑥⑧が公開の対象として加わり、

また財産目録等は、作成の日から5年間、各事務所に備置くことが明記されました。

3　情報はどのように公開するか

　同法は、前記①〜⑧につき、登記された各事務所に備置き、請求があった場合には、正当な理由がある場合を除き、閲覧に供しなければならないとしています（同法33条の2、47条）。正当な理由がある場合の例としては、㋐休日・時間外の請求、㋑業務を遅滞させる等不当な目的がある場合、㋒個人情報・プライバシーを侵害する恐れがある場合などが挙げられます。

　閲覧については、都道府県知事所轄の学校法人は、文部科学大臣所轄の学校法人とは異なり設置する私立学校に在学する者その他の利害関係人、すなわち、ⅰ在学生・保護者、ⅱ教職員、ⅲ債権者・担保権者など、学校法人と法律上の権利義務関係を有する者に限っています。文部科学大臣所轄の学校法人については、このような制限はありません。

　なお、閲覧又は謄写の手数料を徴収することについては、東京都は、事務手数料として適正な範囲であれば可能としています。

4　「公表」について

　文部科学大臣所轄の学校法人では、閲覧請求できる者の範囲に制限がないので、これらの法人は、一般閲覧を義務付けられていると言えますが、さらに、同法は文部科学大臣所轄の学校法人に対しては、前記①〜⑧について、「公表」しなければならないとしています（同法63条の2）。

　ここに言う「公表」とは、インターネットでの公表を指し、文部科学省は、この「公表」の手続を取ることにより、備置き及び閲覧に代えることができるとしています。

5　情報公開を怠るとどうなるか

　備え置きの懈怠、寄附行為への必要的記載の懈怠、虚偽記載があった場合、あるいは正当な理由がないのに閲覧を拒むと、理事等は、20万円以下の過料に処せられるので、注意が必要です（同法66条）。

Q
102

令和5年改正（理事会）

令和5年改正私立学校法により、理事・理事会について、どのような変更が加えられたのでしょうか。

A
102

「理事選任機関」の設置や、理事の資格要件の変更、理事会の運営の法定化等、様々な変更がなされています。

解説

1　改正の趣旨

　令和5年改正私立学校法（改正法）は、私立学校の教育・研究の質の向上のため、ガバナンス改革を推進する制度改正を行っています。改正法は、「学校法人の意思決定機関は理事会であり、評議員会は諮問機関である」という基本的な枠組みは維持しつつ、「執行と監視・監督の役割の明確化・分離」の考え方から、理事・理事会、監事及び評議員・評議員会の権限分配を整理し、かつ、評議員会等による理事会等に対するチェック機能を高めています。

2　理事の選解任

　理事の選解任につき、現行私立学校法（現行法）は「寄附行為の定めによる」としていますが、改正法は、理事は、寄附行為の定めるところにより「理事選任機関」が選解任するとしています（改正法30条1項、33条1項）。

　どのような機関を「理事選任機関」とするかは、特に定められておらず、これまで理事会で理事を選任すると定めていた学校がそのまま理事会を理事選任機関とすることも可能ですが、改正法は「理事選任機関は、理事を選任するときは、あらかじめ、評議員会の意見を聴かなければならない」（改正法

30条2項）としているので、あらかじめ評議員会の意見を聴くことが必要となります。なお、評議員会を理事選任機関とした場合には、評議員会の意見聴取は不要です。

3　理事の要件

改正法は、理事は「私立学校を経営するために必要な知識又は経験及び学校法人の適正な運営に必要な識見並びに社会的信望を有する者」（改正法30条1項）と定め、近親者等に関する制限も強化しています（改正法31条7項）。理事と評議員の兼職も禁止され（改正法31条3項、7項、46条3項、62条4項、5項）、評議員会による理事会に対するチェック機能が十分果たされるよう制度設計されています。外部理事については、これまでどおり1人以上が必要とされていますが、大臣所轄学校法人等は2人以上が必要となります（改正法146条1項）。

4　理事長・監事の選任等

理事長については、理事会で選定されることが明示されました（改正法37条）。他方、監事については、これまでは評議員会の同意を得て理事長が選出するとしていましたが、評議員会が選解任を行うことになりました（改正法45条1項、48条1項）。

5　理事会

理事会は、業務等の決定と理事の職務の執行監督等（改正法36条2項）を行いますが、改正により運営の適正化も図られました。理事会の招集権者は、理事長から各理事に変更されました（改正法41条1項）。招集手続も、理事会の1週間前までに、理事及び監事に通知を発出するよう定められ（改正法44条1項）、「理事の過半数の出席」ではなく、「議決に加わることができる理事の過半数の出席」が必要とされます（改正法42条1項）。

なお、大臣所轄学校法人では寄附行為の変更（軽微なものを除く）や合併等の重要事項につき、理事会の決議に加え、評議員会の「意見聴取」ではなく「決議」を要すると変更されました（改正法150条）。

Q 103 令和5年改正（監事）

令和5年改正私立学校法により、監事について、どのような変更があるでしょうか。

A 103

①監事の選解任は評議員会の決議によること、②監事の兼職制限、役員近親者の監事就任禁止の範囲の厳格化、③監事の職務の拡充、④一定の要件を満たした大臣所轄学校法人等における常勤監事の選定義務化などの改正が行われました。

解説

1 監事の選解任手続き等について

従来、監事の選任は評議員会の同意を得て、理事長が選任する旨定められていましたが（現行私立学校法〈現行法〉38条4項）、評議員会の決議によることになりました（改正私立学校法〈改正法〉45条1項）。

また、監事の解任は、寄附行為の定めによるとされていましたが[注1]、選任と同様に、評議員会の決議によることとされました（改正法48条1項）。

さらに、監事の任期は、寄附行為の定めによるとされていましたが、寄附行為で定める期間以内に終了する最終年度に関する定時評議員会の終結の時までとし、寄附行為で定める期間は理事4年、監事・評議員6年を上限とし、理事の期間は監事・評議員の期間を超えないものとされました（改正法32条1項、2項、47条1項、63条1項）。

注1　実務上は、文部科学省が公表する寄附行為作成例に従い、理事会の特別決議で監事を解任できる旨の規定を定める例が多かった。

2　監事の兼職制限等について

　従来、監事は、理事・評議員・職員との兼職は禁止されていましたが（現行法39条）、これに加えて、子法人役員（監事、監査役等を除く）・子法人職員との兼職も禁止されました（改正法31条3項、46条2項）。また、1人以上の理事、他の監事又は2人以上の評議員と特別な利害関係を有しないことが必要とされました（改正法31条6項、46条3項）。「特別利害関係」の具体的内容は今後省令で定められる予定ですが、配偶者又は三親等以内の親族関係に加えて、当該者と以下の関係にある者が想定されているようです。

① 婚姻の届出をしていないが事実上婚姻関係と同様の事情にある者

② 使用人

③ 当該者から受ける金銭その他の財産によって生計を維持している者

④ ②③に掲げる者の配偶者

⑤ ①〜③までに掲げる者の三親等以内の親族であって、これらの者と生計を一にするもの

3　監事の基本的資格・職務等

　監事の基本的資格に学校運営その他の学校法人の業務又は財務管理について識見を有する者という要件が追加され（改正法45条1項）、監事の職務には、①評議員会への出席・意見申述義務、②理事が評議員会に提出する議案等の調査義務、③子法人に対する調査権等が追加されました（改正法55条、54条、53条2項）。

4　大臣所轄学校法人等における常勤監事選定義務

　学校法人を規模に応じて大臣所轄学校法人等[注2]とその他の学校法人に区分した上で、前者のうち一定の要件[注3]を満たすものについては、常勤監事の設置が義務とされました（改正法145条1項）。

[注2]　知事所轄学校法人であっても、①事業活動収入10億円以上又は負債20億円以上、かつ、②3以上の都道府県において学校教育活動を行っている法人については、大臣所轄学校法人等に含まれる。

[注3]　事業活動収入100億円以上又は負債200億円以上とする予定。

Q 104

令和5年改正（評議員①）

令和5年改正私立学校法によって評議員の要件にどのような影響が生じるでしょうか。

A 104

評議員は理事との兼職が禁止される他、評議員総数に占める役員近親者及び教職員の割合に一定の上限が設けられる等の制限が生じます。

解説

1 評議員会の位置づけ

令和5年改正私立学校法（改正法）においては、「学校法人の意思決定・執行機関は理事会であり、評議員会は諮問機関である」という基本的な枠組みは維持されますが、執行機関である理事会と監視監督機関である評議員会との役割の分離が徹底され、評議員会（評議員）による理事会等に対するチェック機能の強化が図られます。そのため、評議員の資格・構成要件は大幅に改正されます。

2 評議員の基本的資格

改正法は、評議員の基本的資格を「当該学校法人の設置する私立学校の教育又は研究の特性を理解し、学校法人の適正な運営に必要な識見を有する者」（改正法61条1項）と定め、「評議員の選任は、評議員の年齢、性別、職業等に著しい偏りが生じないように配慮して行わなければならない」と明記しました（改正法61条2項）。なお、評議員の選解任方法は、これまでどおり寄附行為の定めるところによるものとされています（改正法61条1項、64条）。

3　理事との兼職禁止

　現行私立学校法 (現行法) では、評議員と理事との兼職者が1名以上必須とされていますが (現行法38条1項2号)、改正法では兼職禁止となり、評議員は理事になれません (改正法31条3項)。そのため、理事と評議員の兼職者については、「令和7年度の最初の定時評議員会終結時」に兼職を解消することが必要となります (経過措置により令和7年度の最初の定時評議員会の終結時までは改正前の資格や構成に関する要件が適用されます)。

　また、理事以外から評議員の確保が必要とされることに伴い、評議員の下限定数は、理事の2倍を超える数から「理事の定数を超える数」まで引き下げられます (改正法18条3項)。

4　評議員の就任制限

　評議員には職員を含むこと、25歳以上の卒業生を含むことが必要とされることはこれまでどおりですが、改正法では、以下のとおり、理事・理事会により選任される評議員の割合や評議員の総数に占める役員近親者及び教職員等の割合に一定の上限が設けられます。

①他の2人 (経過措置期間中は3人) 以上の評議員と特別利害関係がないこと

②理事 (監事) と特別利害関係がある場合、他にその理事 (監事) と特別利害関係のある評議員がいないこと (理事ないし監事は、2人〈経過措置期間は3人〉以上の評議員と特別利害関係を有してはならないため。)

③職員である評議員は、評議員の総数の1／3を超えないこと

④理事又は理事会が選任する評議員は、評議員の総数の1／2を超えないこと

⑤理事、監事、他の評議員のいずれかと特別利害関係を有する評議員、子法人の役職員は、評議員の総数の1／6 (経過措置期間中は1／3) を超えないこと

　前記の経過措置は、大臣所轄学校法人等は令和8年度、その他の学校法人は令和9年度の最初の定時評議員会終結時まで適用されます。

令和5年改正（評議員②）

令和5年改正私立学校法によって評議員会や評議員の権限にどのような影響が生じるでしょうか。

評議員会は、重要な寄附行為の変更を決議したり、理事の解任を求めることができるようになります。評議員は、一定の場合に理事の解任請求の訴えを提起することができるようになります。また、評議員の任期についても改正されました。

解説

1 評議員会の権限

(1) 意見、議決

学校法人の業務、財産の状況、役員の職務の執行状況等について、意見、諮問への答申を行うことは現行私立学校法（現行法）と同様で、重要事項についてはあらかじめ評議員会の意見聴取が必要です（改正法66条2項1号・2号、36条4項）。さらに、改正後は、大臣所轄学校法人等においては、解散・合併・重要な寄附行為の変更が評議員会の決議事項となります（改正法150条）。

(2) 理事選任機関に対する理事選任に関する意見

理事は理事選任機関が選任しますが、理事選任機関が評議員会以外の場合は評議員会の意見聴取が必須とされます（改正法30条2項）。

(3) 監事、会計監査人の選解任

監事の選任は評議員会の同意を得て理事長が選任することとされていましたが、改正法では、評議員会の決議によって選任します（改正法45条1項）。

また監事の解任は寄附行為の定めによるとされていましたが、改正法では、評議員会の決議によって解任します（改正法48条1項）。会計監査人については、評議員会が選解任します（改正法80条1項、83条1項）。

⑷　**監事に対する理事の不正行為等の差し止めの求め**

評議員会は、理事の行為の差止請求を監事に求めることができるようになります。さらに、監事に対する求めの議案が評議員会で否決されたときや、評議員会で決議されたにもかかわらず監事による差し止め請求がなされなかったときは、評議員は、理事の行為の差し止めの訴えを提起することができます（改正法67条1項・2項）。また、評議員会は、学校法人に対し、理事等の責任を追及する訴えの提起を求めることができ、提起を求める評議員会の決議があった日から60日以内に責任追及の訴えを提起しない場合、理事は、遅滞なく、責任追及の訴えを提起しない理由を評議員会に報告しなければなりません（改正法140条）。

⑸　**理事選任機関に対する理事の解任の求め**

理事を解任すべき事由があるときは、評議員会は、理事選任機関に理事の解任を求めることができ（改正法33条2項）、不正等があったにもかかわらず評議員会が解任議案を否決したときや、理事選任機関による解任がなされない場合、評議員は理事の解任請求の訴えを提起することができるようになります（改正法33条3項）。

2　評議員の任期

前記1で述べた評議員会ないし評議員の職務が適切に全うされるよう担保すべく、評議員の任期についても改正されました。現行法では寄附行為の定めるところによるとされていますが、改正法では自身が担当していた年度の総決算である定時評議員会まで責任を持つべきとの考え方から、寄附行為で定める期間以内に終了する最終年度に関する定時評議員会終結時までの任期となります。寄附行為で定める期間は6年が上限で、理事の期間は監事・評議員の期間を超えることはできません（改正法63条1項）。また、改正法施行時に在任中の理事・監事・評議員の任期は、最長でも令和9年度の最初の定時評議員会終結時までとなります（改正法附則3条）。

Q **106**

令和5年改正（会計）

令和5年改正私立学校法（改正法）のうち、会計に関連する改正点について教えてください。

A **106**

大臣所轄学校法人等が会計監査人の設置を義務付けられたことをはじめ、会計に関する詳細な規定が明記されるなどの大きな改正がなされています。

解説

1 会計監査人の設置義務

改正私立学校法（改正法）144条は、大臣所轄学校法人等（定義についてはQ103参照）において会計監査人を設置することを義務付けています。

例えば、既に「3以上の都道府県において学校教育活動を行っている」学校法人が、令和7年度に関する決算において、新たに「事業活動収入10億円以上又は負債20億円以上」となった場合や、既に「事業活動収入10億円以上又は負債20億円以上」である学校法人が、令和8年4月に新たに学校を設置し「3以上の都道府県において学校教育活動を行っている」学校法人となった場合には、令和8年度最初の定時評議員会の終結の時までに、会計監査人の選任が必要です。

会計監査人の選任は、評議員会の決議によります（改正法80条1項）。選任に関する議案の決定は監事が行い（改正法84条1項）、当該議案を理事が評議員会に提出することで（改正法70条3項）、評議員会の議題となります。

会計監査人の任期は、選任後1年以内に終了する会計年度に関する定時評議員会の終結の時までとなっています（改正法82条1項）。

2　会計監査人の権限

　会計監査人の権限としては、計算書類、財産目録等の監査、会計監査報告の作成（改正法86条1項、2項）、会計帳簿等の閲覧謄写請求権（改正法86条3項）、理事及び職員、子法人に対する会計に関する報告徴収権（改正法86条3、4項）、学校法人及び子法人の業務・財産の状況の調査権（改正法86条4項）、理事の不正行為等の監事に対する報告（改正法87条、一般社団法人及び一般財団法人に関する法律〈一般社団・財団法人法〉108条）、定時評議員会における意見の陳述（改正法87条、一般社団・財団法人法109条）があります。

3　会計手続

　改正法101条は、学校法人会計基準に従って会計処理を行うことを義務付けました。また、毎会計年度終了後3カ月以内（従来は2カ月）に、貸借対照表及び収支計算書（計算書類）、事業報告書並びにこれらの附属書類の作成義務が明記され（改正法103条）、計算書類を作成した時から10年間、当該計算書類と附属明細書を保存する義務も明示されました。

　これらの計算書類等は、監事の監査を受けることになりますが、会計監査人設置学校法人においては、これに加えて会計監査人の監査も受ける必要があります。これらの監査を終えた計算書類等は、理事会の決議による承認を受けた後、定時評議員会に提出され（改正法105条2項）、理事は評議員からの意見を聴かなければなりません（同条3項）。

4　財産目録の取り扱いについて

　財産目録についても、計算書類と同様の改正がなされており、作成基準が学校法人会計基準によるほか（改正法107条1項）、作成期限の延期（改正法107条1項）などが定められました。

　その他、計算書類と財産目録に共通の改正点として、電磁的記録による作成が可能になったこと（改正法103条3項、107条2項）、インターネット等による公表については大臣所轄学校法人等以外の法人に対しても、努力義務が明示されたことなどが挙げられます。

Q
107

令和5年改正（不正防止）

学校法人の理事又は理事会が不正行為をしている、又はその恐れがある場合には、評議員と監事はどのような手段を取れるでしょうか。

A
107

令和5年改正私立学校法により、現行私立学校法上の制度に加え、評議員会が理事選任機関に対して理事の解任を求めたり、責任追及の訴えの提起を監事及び学校法人に求められるようになりました。さらに、特別背任等の罰則が新設され告発等により刑事処分を求められるようになりました。

解説

1　現行法での不正防止

現行私立学校法（現行法）では不正行為の防止・是正に関して、監事による監査や所轄庁等への報告により、理事又は理事会による不正行為を防止することが期待されています（現行法37条3項、4項）。具体的には、監事は、学校法人の業務、財産の状況等を監査し、不正な行為を発見したときは、これを所轄庁又は理事会及び評議員会に報告すること（現行法37条3項5号）、理事長に対して理事会及び評議員会の招集を請求し、招集がなされない場合には理事会又は評議員会を招集すること（現行法37条3項6号、4項）、監事による理事の不正行為等の差止請求（現行法40条の5、一般社団法人及び一般財団法人に関する法律〈一般社団・財団法人法〉103条）等ができます。

また、理事が不正行為を発見した場合は、監事への報告（現行法40条の5、一般社団・財団法人法85条）が義務付けられています。

2　改正法での不正防止

(1)　組織内部での対応

　　改正私立学校法（改正法）では、前記の監事による不正行為の防止・是正の手段に加え、新たに評議員及び評議員会による不正行為の防止・是正の手段が設けられました。

　　具体的には、①評議員による評議員会の招集請求（改正法71条、72条）、②理事選任機関に対する理事の解任請求（改正法33条2項）、③評議員会の監事に対する理事の行為の差止請求（改正法67条）等の方法により理事又は理事会の不正行為を阻止できます。

(2)　責任追及の訴え

　　評議員会は、学校法人に対して、役員（理事及び監事）、会計監査人又は清算人の責任を追及する訴えを提起するように求めることができるようになりました（改正法140条）。

　　これに対し、学校法人が、評議員会の提起を求める決議の日から60日以内に責任追及の訴えを提起しない場合には、理事は、遅滞なく提起しない理由を評議員会に報告しなければなりません（改正法同条2項）。

(3)　役員等に関する罰則

　　改正法157条以下では、学校法人の役員等の不正行為について、罰則が設けられ、それぞれ拘禁刑もしくは罰金又はその両方が課せられることとなりました。具体的な罰則は以下のとおりです。

①特別背任（改正法157条1項）

　　7年以下の拘禁刑もしくは500万円以下の罰金又はその両方

②贈収賄（改正法158条1項）

　　5年以下の拘禁刑又は500万円以下の罰金

③目的外の投機取引（改正法159条）

　　3年以下の拘禁刑もしくは100万円以下の罰金又はその両方

④不正の手段による認可取得（改正法162条）

　　6カ月以下の拘禁刑又は50万円以下の罰金

【編著者】

弁護士法人名川・岡村法律事務所

【執筆者】

弁護士：

鈴木勝利、丸山恵一郎、渡邉迅、栃木力、佐野知子、
池田千絵、沖山延史、中島有紀、新居裕登、中山明智、
栗山明久、木村康介、永盛勇騎、村田瑞貴、上原尚貴、
齊藤晃大

改訂新版　問題を解決する学校法務

2018 年 8 月 15 日　初版発行
2024 年 2 月 15 日　改訂版第 1 刷発行
本書は「学校の法務　問題を解決する Q&A」を改題し改訂新版にしたものです。

著　者：弁護士法人 名川・岡村法律事務所
発行者：花野井 道郎
発行所：株式会社時事通信出版局
発　売：株式会社時事通信社
　　　　〒 104-8178　東京都中央区銀座 5-15-8
　　　　電話 03（5565）2155　https://bookpub.jiji.com

印刷／製本　株式会社 太平印刷社
装丁・本文デザイン　丸橋一岳（デザインオフィス・レドンド）